21 世纪全国高职高专财务会计类规划教材

新编会计基本技能

主　编　赵玉荣

副主编　高丽华　王文秀
　　　　严寒冰　路晓华

参　编　韩恩健　王　林　张　志

北京大学出版社

PEKING UNIVERSITY PRESS

内 容 简 介

本书主要介绍了三大基本技能:一是会计数字书写技能,主要介绍了会计数字的书写方法和书写标准;二是会计计算技能,主要介绍了珠算的加、减、乘、除的具体方法,同时介绍了传票算和账表算的具体运算方法;三是点钞与验钞技能,主要介绍了点钞和验钞的基本知识以及第五套人民币的识别方法。本书在内容安排上,每章均有丰富的思考题和练习题,书后附有全国珠算、珠心算鉴定办法、鉴定样题等。

本书适合各类高等职业学院、高等专科学院、成人教育高等专科学院的财经类专业及相关专业学生使用,也可作为会计岗位培训和相关人员的自学用书。

图书在版编目(CIP)数据

新编会计基本技能/赵玉荣主编. —北京:北京大学出版社,2009.8
(21 世纪全国高职高专财务会计类规划教材)
ISBN 978-7-301-14665-1

Ⅰ. 新… Ⅱ. 赵… Ⅲ. 会计学-高等学校:技术学校-教材 Ⅳ. F230

中国版本图书馆 CIP 数据核字(2008)第 185911 号

书 名:	新编会计基本技能
著作责任者:	赵玉荣 主编
策 划 编 辑:	郭 芳
责 任 编 辑:	郭 芳
标 准 书 号:	ISBN 978-7-301-14665-1/F·2083
出 版 者:	北京大学出版社
地 址:	北京市海淀区成府路 205 号 100871
电 话:	邮购部 62752015 发行部 62750672 编辑部 62765126 出版部 62754962
网 址:	http://www.pup.cn
电 子 信 箱:	xxjs@pup.pku.edu.cn
印 刷 者:	河北涿县鑫华书刊印刷厂
发 行 者:	北京大学出版社
经 销 者:	新华书店
	787 毫米×980 毫米 16 开本 10.5 印张 220 千字
	2009 年 8 月第 1 版 2009 年 8 月第 1 次印刷
定 价:	22.00 元

未经许可,不得以任何方式复制或抄袭本书之部分或全部内容。
版权所有,侵权必究
举报电话:010-62752024; 电子信箱: fd@pup.pku.edu.cn

前　　言

会计基本技能是高职高专院校财经类专业必修的一门专业基础课。本书是编者在多年高职高专会计基本技能课程教学改革研究和实践基础上，根据教育部颁发的《会计基本技能教学基本要求》，并参照有关行业的职业基本技能鉴定规范编写而成的。本书突出高职高专特色，立足理论教学"必需、够用为度"的原则，突出实践教学，注重操作技能的培养。其最大的特点就是简单、易操作，实用性强，通过大量实际操作图片将会计技能动作加以分解，以实际案例方式，非常直观地对会计技能加以讲解，使学习者在学习过程中对职业素养、会计专业理念、会计综合素质有全新认识。本书语言表达精练、举例翔实而不繁杂，通俗易懂，便于使用。

本书由赵玉荣担任主编，并负责设计大纲、总纂及定稿；由高丽华、王文秀、严寒冰、路晓华担任副主编；由韩恩健、王林、张志参编。具体编写分工为：

第 1 章	山东理工职业学院	高丽华
第 2 章	山东农业大学	赵玉荣
第 3 章	山东农业大学	赵玉荣
第 4 章	山东泰山职业学院	严寒冰
	山东潍坊工商职业学院	王　林
第 5 章	山东水利职业学院	王文秀、韩恩健
第 6 章	山东农业大学	赵玉荣
第 7 章	内蒙古大兴安岭林业学校	路晓华
	山东省服装学院	张　志
第 8 章	山东农业大学	赵玉荣

本书的编写参阅、引用了有关著作和教材，并得到了各编写人员所在单位领导、同事的大力支持，在此一并表示衷心的感谢。

由于编者水平有限，书中难免有缺点和不足之处，敬请读者批评指正。

编　者
2009 年 7 月

目 录

第1章 概述 1
  1.1 会计基本技能的主要内容 1
  1.2 会计基本技能的重要性 2
  思考与练习 3

第2章 会计数字书写 4
  2.1 阿拉伯数字的书写 4
  2.2 中文大写数字的书写 6
  思考与练习 7

第3章 珠算的基础知识 12
  3.1 算盘的种类与构造 12
  3.2 珠算的特点与运算技巧 14
  3.3 打算盘的姿势与握笔 15
  3.4 珠算拨珠指法 16
      3.4.1 两指拨珠法 16
      3.4.2 三指拨珠法 19
  思考与练习 22

第4章 珠算加减算 26
  4.1 基本加法 26
      4.1.1 口诀加法 26
      4.1.2 无诀加法 31
  4.2 基本减法 34
      4.2.1 口诀减法 34
      4.2.2 无诀减法 40
  4.3 简捷运算法 43
  4.4 常用练习法 49
  思考与练习 51

第 5 章 珠算乘法 70
5.1 乘法口诀与数的位数 70
5.1.1 乘法口诀 70
5.1.2 数的位数 71
5.2 积的定位方法 71
5.3 空盘前乘法 73
5.3.1 一位数空盘前乘法 73
5.3.2 多位数空盘前乘法 76
5.4 破头乘法 81
5.5 省乘法 87
思考与练习 89

第 6 章 珠算除法 99
6.1 商的定位方法 99
6.2 商除法 101
6.2.1 隔位商除法 101
6.2.2 不隔位商除法 107
6.3 省除法和常用估商方法 114
6.3.1 省除法 114
6.3.2 常用估商方法 117
思考与练习 118

第 7 章 传票算与账表算 126
7.1 传票算 126
7.1.1 传票算的规格和题型 126
7.1.2 传票算的步骤 127
7.1.3 传票算的方法 128
7.2 账表算 129
思考与练习 130

第 8 章 点钞与验钞 136
8.1 点钞 136
8.1.1 点钞的基本知识 136
8.1.2 点钞的方法 137
8.1.3 点钞的考核标准 140
8.2 验钞 141

  8.2.1 人民币常识 141
  8.2.2 第五套人民币的防伪特征及识别方法 142
 思考题 144
附录Ⅰ 全国珠算、珠心算鉴定办法（试行） 145
附录Ⅱ 中国人民银行残缺污损人民币兑换办法 150
附录Ⅲ 珠算技术等级鉴定普通六～四级鉴定样题 152
附录Ⅳ 珠算技术等级鉴定普通三～一级鉴定样题 154
附录Ⅴ 珠算技术等级鉴定能手级鉴定样题 156
参考文献 159

第1章 概 述

【学习目标】

通过本章学习,了解会计基本技能的重要性,掌握会计基本技能的主要内容。

1.1 会计基本技能的主要内容

会计基本技能是会计工作及相关经济工作者在处理日常事务中必备的专业技能,是做好各项会计工作的前提条件。会计基本技能主要包括会计数字书写技能、珠算技能、点钞与验钞技能。

1. 会计数字书写技能

数字的计算与书写往往是联系在一起的,一切计算过程和结果都要通过数字来表示。数字的书写是财经工作者的一项基本功,对从事财会和金融事务的工作人员来说尤为重要。会计作为经济管理的重要组成部分,离不开数字的书写,数字书写的是否标准、规范,在一定程度上反映了会计工作的质量。如果书写的数字不清楚、不标准、易涂改,这不仅影响会计工作的质量与效率,而且会给一些不法分子造成可乘之机。因此,数字的书写必须做到标准化、规范化,做到数字正确、字迹清晰、便于识别、不易涂改,这是对会计工作者及相关工作者提出的最基本的素质要求,也是提供正确基础信息资料的最基本保障。在经济工作中常用的数字有阿拉伯数字和中文大写数字两种。通常将用阿拉伯数字表示的金额数字称为"小写金额",用中文大写数字表示的金额数字称为"大写金额",两者同时使用可以印证金额数字的真伪,保证金额数字的真实性。

2. 珠算技能

珠算是以算盘为计算工具,以其固有的算理和数学原理为基础来计算数值的一项计算技术,是一门实用性很强又富有技术性的学科。它主要包括珠算的加、减、乘、除运算。在实际工作中,加减运算(包括账表算、传票算)占计算量的绝大部分。用珠算进行加减运算,比笔算、电子计算器更为迅速、准确,这充分显示了珠算擅长加减算的独特优点,也体现了珠算的实用性。作为一种传统的运算方法，即使在计算机日益普及，信息化程度高速发展的今天，珠算仍是不可替代的。它是开发智力、进行素质教育的有效工具和简捷途径之一。

3. 点钞与验钞技能

点钞与验钞是企业出纳人员、银行业务人员的基本功，是从事财会、金融和商品经营等专业的人员及财经类院校学生必须掌握的一项专业技术。点钞又称票币整点，包括整点纸币和整点硬币。点钞方法是在广大业务人员积累丰富实践经验的基础上，通过不断改进和提高逐渐形成的。目前点钞方法种类繁多，大致有二十多种，概括地说，可以按是否自动化划分，分为手工点钞和机器点钞两大类。

验钞是在点钞的同时进行的，属于点钞技术的一个方面。验钞方法分为人工鉴别法和机器检测法。

手工点钞和人工鉴别技术的好坏，将直接影响现金收支业务的工作效率与质量。因此，从事会计工作的出纳人员和银行业务人员必须增强反假币观念，加强点钞、验钞技能的学习与训练，不断提高识别真假货币的能力，为稳定金融市场做出贡献。

1.2　会计基本技能的重要性

1. 为经济决策提供资料

会计工作是一项重要的经济管理工作，它通过收集、处理、利用和提供会计信息，对经济活动进行核算和监督，为信息使用者做出正确的经济决策提供信息资料。会计人员是会计工作的主要承担者，会计人员不但要具备处理会计事务的专业知识，还应掌握规范的数字书写、娴熟的计算技术和迅速、准确的点钞和验钞等基本技能。只有全面掌握操作技术，才能提高会计工作的质量和效率，提供及时、正确的会计信息，从而为信息使用者的经济决策提供优质的服务。

2. 保障经济信息正确性

会计基本技能的提高，对全面、系统、规范地落实会计基础工作规范和会计制度发挥着重要作用。会计基本技能是做好会计核算和监督工作的基本要求，是正确、及时提供各种经济信息的保障。随着经济的发展，市场营运速度的加快，财经工作日益繁重，不论是在产品交换，安排市场供求，还是在经济核算，改善经营管理，提高经济效益过程中，都要进行大量的数据计算与分析。会计人员及其相关工作者只有练就娴熟的会计计算技能，在繁重的经济数据计算中,准确、快速地完成各种经济数据的计算,才能充分发挥会计基本技能的基础作用,保障相关信息的正确性。

3. 保护国家货币安全

在社会主义经济运行中,货币的流通和人民群众的生产生活密切相关,如何快速的清点货币,并能正确的识别假币已成为人们工作生活中不可缺少的一件事情。作为企业财会部门及金融机构的业务工作者,应加强培养自身职业道德修养和点钞与验钞的技能,增强识别真假人民币的鉴别能力,保护国家货币和消费者的利益,维护金融秩序,促进国民经济健康发展。

4. 锻炼意志培养能力

会计基本技能发展至今,对中华民族的科技开发、社会进步和经济文化发展发挥了重大的作用。会计基本技能的教学符合数学学习的心理特征,即形象又具体。珠算强调珠动数出,脑、手、眼并动,从而活跃了人的思维活动。从心理学的角度看,培养一个人的会计基本技能,能使其在高度发挥潜在智能的同时培养高尚的意志品格,提高分析问题、解决问题的能力,从而提升人们的职业能力。

思考与练习

1. 会计基本技能包括哪些内容?
2. 电子计算器为什么不能取代珠算这一传统的计算工具?
3. 简述会计基本技能的重要性。
4. 谈谈如何学好会计基本技能?
5. 你认为如何传承我国的优秀文化——"珠算技术"?

第 2 章　会计数字书写

【学习目标】

通过本章学习，了解阿拉伯数字的书写要求和汉字大写数字的标准写法；掌握会计工作中对数字的书写要求和对错误数字的订正方法。

2.1　阿拉伯数字的书写

1. 阿拉伯数字的书写要求

在日常经济工作中，阿拉伯数字由于书写比较方便，不用数位词，笔画简单，因此为世界各国所普遍使用。阿拉伯数字的写法有印刷体和手写体两种，日常工作中普遍使用的是手写体，如图 2-1 所示。

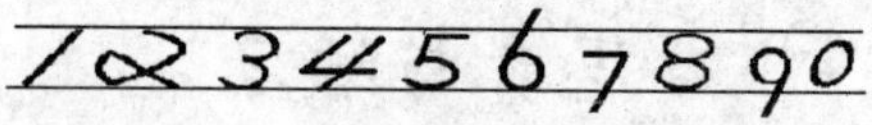

1234567890

图 2-1

在书写阿拉伯数字时，要遵循以下几点要求。

（1）阿拉伯数字的书写顺序同汉字书写一致，应自上而下，先左后右，不能写倒笔字。

（2）在账表凭证上书写的每个数字要贴紧底线，上边不能顶格。数字高度一般占分位格的二分之一，并向右上倾斜 60 度，这样既美观又便于改错。

（3）数字间隙切勿过大，以防插入其他数字。

（4）"0"字不要写的太小（以防将"0"改为"6"、"8"、"9"），不要留有缺口（以防将"0"改为"3"），也不要连笔写。

（5）"1"的下端应紧靠分位格的左下角，不可写得过短，要保持倾斜度，将格子占满，以防将"1"改写为"4"、"6"、"7"、"9"。

（6）"2"的下端要绕圈，不能写成类似英文字母"Z"的形状。

（7）"4"的顶端不封口，写"∠"时应上抵中线，下至下半格的四分之一处，并注意中间竖线是最关键的一笔，斜度应为 60 度，不然"4"就写成正体了。

（8）"6"的上端应高出其他数字四分之一，"7"和"9"的下端要过底线四分之一。

(9)"6"的下端圆要明显,以防止改写为"8";"8"的上端要稍小,起笔时应写成斜"S"形,终笔与起笔交接处应成棱角(以防将"3"改成"8");"6"、"8"、"9"的圆必须封口。

(10)除"4"、"5"以外的数字,必须一笔写成,不能人为地增加笔画。

(11)在无金额分位格的凭证上,所有以元为单位的阿拉伯数字,除表示单价等情况外,一律在元位小数点后填写到角分,无角分的,角、分位可写"00"或符号"—",如人民币陆拾元整,应该写成¥60.00或¥60.—。有角无分的,分位应写"0",不能用其他符号代替,如人民币柒拾陆元伍角,应该写成¥76.50。

(12)在有金额分位格的账表凭证上,应该从高位写起,以后各格必须写满,不能用其他符号代替,如表2-1、表2-2所示。

表2-1

收　　据

20×9年5月3日　　　　　　　　　　No 00287459

收到:张力退回借款	金　额						
	万	千	百	十	元	角	分
摘要	¥	2	6	8	0	0	0
合计金额人民币(大写) 贰仟陆佰捌拾元整							
备注							

收款单位(印章)　　　　　收款人:李达　　　　　开票人:吴敏

表2-2

收 款 凭 证

总　号　32

借方科目:银行存款　　　20×9年4月10日　　　银收字　20号

摘　要	应贷科目		√	金　　额							
	一级科目	二级和明细科目		千	百	十	万	千	百	十	元	角	分
收到货款	应收账款							7	0	0	0	0	0
合　　计								¥	7	0	0	0	0	0

附件1张

财务主管:　　　记账:　　　出纳:　　　复核:　　　制单:张明

2. 阿拉伯数字书写错误的更正

阿拉伯数字书写出现错误时，应按照规范化的要求进行更正。写错的数字无论是一个还是几个，都应采用划线更正法进行更正，不能在原来数字上涂改、挖补、刮擦或用消字药水消字。在更正时，应先将错误数字从头划一道红线将其全部划掉，然后再将正确数字写在上方。如果在会计账簿中更正时，还应在数字旁加盖订正人本人印章，以示负责。如果一个数字出现错误，最多只能修改两次。错误数字的订正方法如图2-2所示。

亿	千	百	十	万	千	百	十	元	角	分
		盖章		¥	5	4	0	0	0	0
				¥	4	5	0	0	0	0

图2-2

2.2 中文大写数字的书写

中文大写数字主要用于支票、传票、发票等重要票据的填写。中文大写数字庄重、笔画繁多，按照中国人民银行《支付结算制度汇编》的规定，填写票据和结算凭证时，必须做到标准化、规范化；做到数字正确、字迹清楚，以防篡改。中文大写数字的书写包括数字的书写和数位的书写。

（1）数字的书写：零、壹、贰、叁、肆、伍、陆、柒、捌、玖。
（2）数位的书写：拾、佰、仟、万、亿、元、角、分。
在书写中文大写数字时，应遵循以下几点要求。
（1）中文大写金额数字，一律用正楷或行书书写，不得用一、二、三、四、五、六、七、八、九、十等代替，也不得任意自造简化字。
（2）大写金额数字到元或角为止的，在"元"或"角"之后应写"整"或"正"字；大写金额数字有"分"的，"分"字后面不写"整"字。
（3）大写金额数字前未印有货币名称的，应当加上货币名称，如人民币、美元、欧元、日元等。书写大写金额数字时，应紧靠在货币名称后面，在货币名称与金额数字之间不得留有空白。
（4）金额数字中间有一个"0"或连续几个"0"时，书写大写金额时都只写一个"零"。

例如¥106.50 元，中文大写金额应写成：人民币壹佰零陆元伍角整；又如¥1008.56，中文大写金额应写成：人民币壹仟零捌元伍角陆分。

（5）金额数字如果元位为"0"或数字中间连续有几个"0"，元位也是"0"，但角位不是"0"时，中文大写金额可只写一个"零"字，也可不写"零"字。例如，¥1980.32，中文大写金额应写成：人民币壹仟玖佰捌拾元叁角贰分，或人民币壹仟玖佰捌拾元零叁角贰分；又如¥1200.32，中文大写金额应写成：人民币壹仟贰佰元叁角贰分，或人民币壹仟贰佰元零叁角贰分。

（6）壹拾几的"壹"字不得漏写。例如¥13.00，中文大写金额应写成：人民币壹拾叁元整，不可写成：人民币拾叁元整；又如¥140 000.00，中文大写金额应写成：人民币壹拾肆万元整，不可写成：人民币拾肆万元整。

（7）中文大写数字出现错误或漏写，不能涂改，必须重新书写。

（8）在填写支票出票日期时必须大写。为防止变造票据的出票日期，在填写月、日时，月为壹、贰和壹拾的，日为壹至玖和壹拾、贰拾和叁拾的，应在其前加"零"；日为拾壹至拾玖的，应在其前加"壹"。例如，1月15日，应写成零壹月壹拾伍日；又如，10月20日，应写成零壹拾月零贰拾日。现金支票的填写如表2-3所示。

表2-3

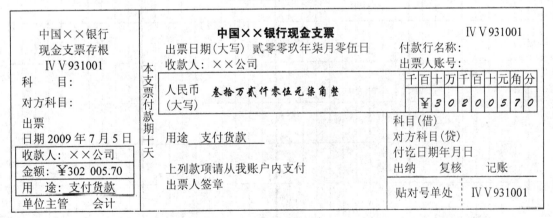

思考与练习

一、思考题

1. 阿拉伯数字的书写有何规定？

2. 中文大写数字的书写有何规定？

3. 会计凭证中对数字的书写如何要求？

4. 结算凭证对数字的书写如何要求？

5. 错误数字如何更正？

二、练习题

1. 阿拉伯数字和中文大写数字的书写练习

（1）阿拉伯数字的书写练习

1									2									3									4								
千	百	十	万	千	百	十	元	角	分	千	百	十	万	千	百	十	元	角	分	千	百	十	万	千	百	十	元	角	分	千	百	十	万	千	百	十	元	角	分

(2) 中文大写数字的书写练习

零	壹	贰	叁	肆	伍	陆	柒	捌	玖	拾	佰	仟	万	亿	元	角	分	整

2. 用阿拉伯数字写出下列各数

（1）人民币捌拾伍万玖仟壹佰伍拾肆元整
（2）人民币柒仟零伍拾元贰角柒分
（3）人民币贰万零伍元整
（4）人民币壹万肆仟贰佰元陆角整
（5）人民币肆仟零捌拾柒元整
（6）人民币贰拾捌万玖仟伍佰伍拾肆元陆角整
（7）人民币壹拾贰万肆仟叁佰零贰元壹角柒分
（8）人民币贰万陆仟零伍元整
（9）人民币玖拾柒万壹仟陆佰元陆角叁分
（10）人民币叁拾万肆仟零捌拾柒元整

3. 用中文大写数字写出下列各数

（1）￥7 358 947.76
（2）￥400 000.40
（3）￥300 156.00
（4）￥6 090.09
（5）￥120 958.16
（6）￥90 763 245.00
（7）￥803 019.43
（8）￥600 004 026.00
（9）￥50 062.09
（10）￥426 735.10

4. 订正下列各题在书写上的错误

（1）人民币三块七毛三分
（2）人民币七元六角三分
（3）￥653 834 35
（4）￥65 785 2100 元整
（5）￥17.00 写成人民币拾七元整
（6）人民币拾陆万零三块七毛三分整
（7）人民币扒仟伍佰陆拾柒元六角三分

(8) ¥456 941 81
(9) ¥32 546 210 00 元整
(10) ¥170 583.00 写为人民币拾柒万伍佰捌拾三元整

5. 在支票上填写大写的出票日期

（1）	1978 年 1 月 5 日	出票日期	年	月	日
（2）	1981 年 4 月 10 日	出票日期	年	月	日
（3）	1987 年 10 月 18 日	出票日期	年	月	日
（4）	1989 年 10 月 20 日	出票日期	年	月	日
（5）	1996 年 11 月 27 日	出票日期	年	月	日
（6）	1998 年 12 月 30 日	出票日期	年	月	日
（7）	2000 年 2 月 6 日	出票日期	年	月	日
（8）	2014 年 5 月 18 日	出票日期	年	月	日
（9）	2036 年 12 月 7 日	出票日期	年	月	日
（10）	2009 年 7 月 19 日	出票日期	年	月	日

6. 登记账页

资料：20×9 年 5 月 1 日银行存款（总账）期初借方余额为 21 000 元，5 月 31 日多栏式日记账上借方金额 23 400 元，贷方金额 36 680 元。

银行存款（总账）

20×9 年		凭证号数	摘　要	借　方	贷　方	借或贷	余　额
月	日						
			期初余额				
			根据多栏式日记账				
			本月合计				

第 3 章　珠算的基础知识

【学习目标】

通过本章学习，了解算盘的种类、构造和打算盘的姿势与握笔方法；掌握珠算的特点与运算技巧；熟练掌握珠算拨珠指法。

3.1　算盘的种类与构造

1. 算盘的种类

我国目前使用的算盘是在古算具的基础上长期演变发展而来，具有设计合理，结构简单，运算简捷，实用广泛等特点。算盘是用算珠来表示数字的，因此算盘的种类基本上是按算珠来划分的。目前我国常用的算盘有 3 种。

（1）圆形七珠大算盘（如图 3-1 所示）。它是我国的传统算盘，其特征是：算盘体型大，珠为扁圆形，有二颗上珠，五颗下珠。这种算盘算珠与梁间距离大，拨动距离大、噪声大，因此不被广泛使用。

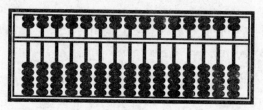

图 3-1

（2）菱形中型算盘（如图 3-2 所示）。它是在圆形七珠大算盘的基础上改制而成的。其特征是：算珠上一下四，有菱珠、碟珠两种。与圆形七珠大算盘相比，菱形中型算盘缩短了档距和珠距，增加了档位，并设有清盘器、分位点及垫角，是我国目前使用最广泛的一种算盘。

图 3-2

（3）菱形六珠小算盘（如图 3-3 所示）。它是在菱形中型算盘的基础上改制而成的。其特征是：珠为菱形，有一颗上珠，五颗下珠或一颗上珠、四颗下珠。这种算盘重量轻、体积小、珠距短，有利于提高运算速度。

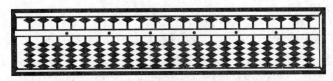

图 3-3

2. 算盘的构造

算盘呈长方形，由边（框）、梁、档、珠这 4 个基本部分所组成，改进后的算盘又增加了清盘器、计位点和垫脚等装置，如图 3-4 所示。算盘的边、梁、珠多为木质，档用细竹（或细金属条）制作。目前有的算盘也用塑料、牛角、金属等材料制作。

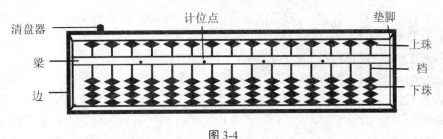

图 3-4

（1）边（框）。它是算盘的四周框架，用以固定算盘的梁、档、珠各部分。它决定了算盘的大小及形状。

（2）梁。它是连接左右两边的一条横木，将盘面分为梁上、梁下两个部分。

（3）档。它是连接上下边穿过横梁的细柱，用来穿连算珠并表示数位。

（4）珠。它又称算珠或算盘子。梁上部分的珠叫做上珠，梁下部分的珠叫做下珠。七珠算盘最上面的一颗珠叫顶珠，最下面的一颗珠叫底珠。

（5）清盘器。它是安装在横梁下面用以使算珠离梁的装置。它的操作按钮装在算盘上边的左端,主要用于提高清盘的速度。

（6）垫脚。它装在算盘左右两边底面共三个,作用是使算盘底面离开桌面,便于推（拉）算盘下面的计算资料,以防算珠被带动。

（7）计位点。它是在梁上做出的计位标记,每隔三档有一点,每点在两档之间,主要作用是计数与看数方便。

3.2 珠算的特点与运算技巧

1. 珠算的特点

（1）珠算以算珠靠梁表示记数,上珠一颗当5,下珠一颗当1,离梁表示零。

（2）珠算以档表示数位,计算中各档表示的数位不同,高位在左,低位在右。选定个位档以后,向左分别为十位档、百位档、千位档……;向右分别为十分位、百分位、千分位……。

（3）珠算计算采用"五升十进制"。当某一档下珠满五时,需换用同档的上珠表示,称为"五升"。当某一档算珠满十,需换用其左档一颗算珠表示,称为"十进"。

2. 珠算的运算技巧

（1）看数。它是珠算运算的关键环节,看数是否准确快速将直接影响着运算的准确率。看数时应掌握一定的技巧,数位较少的最好一眼看一笔数,数位较多的可以利用国际通用的"三位分节制"看数。三位分节制是指三位数与三位数之间打分节点,将一个数的整数部分从右到左,每三位数为一节,可以用","隔开。

（2）置数。它是将算珠离开"边"靠"梁",数码拨入空盘。置数之前应该先定好个位,然后按照读数的顺序,由高位到低位将数字按位逐档拨珠靠梁。多位数的置数,要采用分节置数法。分节次数越少越有利于运算速度的提高。看数的同时,右手立即拨珠,快要拨完一节,随即看下一节数,要上下环节连接起来,做到边看边打,否则中间就会出现拨珠停顿,从而影响计算速度。数的位数与盘面上计位点应对照起来,置数才能准确无误。

（3）移题看数。它是将定级考题放在算盘底下,算盘的下边缘漏出算题的第一行,左手食指向上推题纸,右手拨珠,打完一行,推上去一行,边看边打。如果采用一目三行加法,算完三行,推上去三行,最后写出答案。

（4）盯盘写数。它就是眼看盘面算珠,从左到右,按照算盘的计位点分节,在写数的同时,就写上分节号与小数点（不可写完数字后再点分节号和小数点）,边看边写一次写完。

（5）看算不出声。看数与拨珠要防止口中读出声音,应练成看数反应快、记数牢而准的基本功。

（6）指点法。在运算过程中，右手的食指要始终点在算数的个位档上，做到指不离档，这样可以避免运算过程中窜档位，确保计算结果的正确。

3.3 打算盘的姿势与握笔

1. 姿势

打算盘的姿势直接关系到运算的速度与计算的准确程度。正确的姿势有以下种。

（1）打算盘时身体要坐正，腰要直，头微低，脚要放平。

（2）右腕和肘部稍微离开桌面，肘关节的弯曲度一般应保持在 90 度左右，便于手指运算时左右平移，肘部摆动幅度不宜过大。

（3）手指与算盘距离以 0.5 厘米左右为宜，过低容易带珠，过高影响工作效率。

（4）算盘置于身体正前方，离桌边 10~15 厘米处，眼睛距算盘 1 尺远为宜。

（5）用大算盘运算，计算资料放在算盘左方偏上位置；用小算盘运算，计算资料放在算盘下面，边计算边上推，始终使算题与算盘保持适当距离，从而避免漏算、重算或错算数字，并能加快计算速度，保证计算质量。

2. 握笔

珠算在运算时，应握笔拨珠，这样可以省去拿笔放笔时间，有利于提高计算效率。

（1）大、中型算盘的握笔方法

大、中型算盘的握笔方法是：将笔横握于右手掌心，用无名指和小指握笔，笔尖在外，笔杆的上端伸出虎口，如图 3-5 所示。

（2）小型算盘的握笔方法

小型算盘的握笔方法是：将笔横握在右手拇指和中指之间，笔尖露在食指与中指之外，笔杆上端伸出虎口，如图 3-6 所示。

图 3-5

图 3-6

3.4 珠算拨珠指法

珠算是靠手指拨动算珠来进行计算的。拨动算盘上算珠的方法称为拨珠指法，是珠算的基本功之一。拨珠指法正确与否，将直接影响运算效率和准确程度，因此初学者应正确掌握和熟练运用拨珠指法。

3.4.1 两指拨珠法

使用小算盘运算时，一般采用两指拨珠法。两指拨珠法应该用右手的拇指和食指进行拨珠，中指、无名指和小指应向掌心自然弯曲。

1. 两指分工

（1）拇指：拨下珠靠梁（如图3-7所示），有时兼拨下珠离梁（如图3-8所示）。

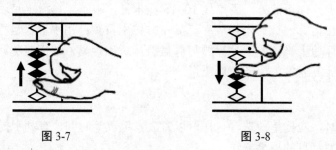

图3-7　　　　　　　　图3-8

（2）食指：拨上珠靠梁（如图3-9所示）和拨上、下珠离梁（如图3-10和图3-11所示）。

图3-9　　　　　　图3-10　　　　　　图3-11

2. 两指联拨

两指联拨是指拇指和食指同时拨珠。两指联拨分为双合、双分和相邻档双分等拨珠方法。

（1）双合，即上下珠同时靠梁。

① 同档双合：在用拇指拨下珠靠梁的同时用食指拨上珠靠梁（如图 3-12 所示），如直接拨加 6、7、8、9。

② 相邻档双合：在用拇指拨左一档下珠靠梁的同时，用食指拨右一档上珠靠梁（如图 3-13 所示），如直接拨加 15，25，35，45。

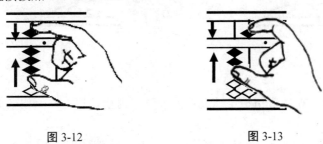

图 3-12　　　　　　　　　　　图 3-13

（2）双分，即上下珠同时离梁。

① 同档双分：在用食指拨上珠离梁的同时用拇指拨下珠离梁（如图 3-14 所示），如直接拨减 6，7，8，9 或 7－6，9－8。

② 相邻档双分：在用拇指兼拨左一档下珠离梁的同时，用食指拨右一档上珠离梁（如图 3-15 所示），如直接拨减 15，25，35，45。

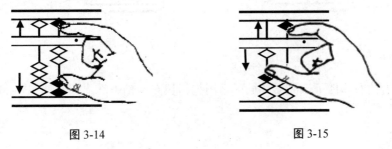

图 3-14　　　　　　　　　　　图 3-15

3. 双上

（1）同档双上：在用拇指拨下珠靠梁的同时用食指拨上珠离梁（如图 3-16 所示），如拨 5－2，5－1 时。

（2）相邻档双上：在用食指拨右一档上珠离梁的同时，用拇指拨左一档下珠靠梁（如图 3-17 所示），如拨 5＋25，15＋15。

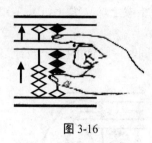
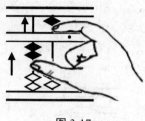

图 3-16　　　　　　　　　图 3-17

4. 双下

（1）同档双下：在用食指拨上珠靠梁的同时用拇指兼拨下珠离梁（如图 3-18 所示）。如拨 4+1，3+2。

（2）相邻档双下：在用拇指兼拨左一档下珠离梁的同时，用食指拨右一档上珠靠梁（如图 3-19 所示），如拨 10－5，20－15。

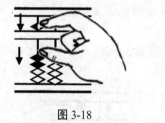

图 3-18　　　　　　　　　图 3-19

5. 扭进

在用食指拨右一档下珠离梁的同时，用拇指拨左一档下珠靠梁（如图 3-20 所示），如拨 1+9，2+8。

6. 扭退

在用食指拨左一档下珠离梁的同时，用拇指拨右一档下珠靠梁（如图 3-21 所示），如拨 10－9，10－8。

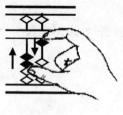

图 3-20　　　　　　　　　图 3-21

3.4.2 三指拨珠法

1. 三指分工

（1）拇指：拨下珠靠梁，如图 3-22 所示。
（2）食指：拨下珠离梁，如图 3-23 所示。

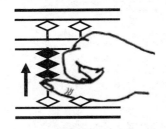

图 3-22

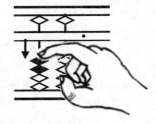

图 3-23

（3）中指：拨上珠靠梁与离梁，如图 3-24、3-25 所示。

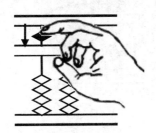

图 3-24

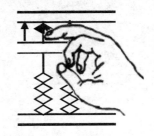

图 3-25

2. 两指联拨（拇指、中指联合拨珠）

（1）双合，即上下珠同时靠梁。

① 同档双合：在用拇指拨下珠靠梁的同时，用中指拨上珠靠梁（如图 3-26 所示），如直接拨加 6，7，8，9。

② 相邻两档双合：在用拇指拨左一档的下珠靠梁的同时，用中指拨右一档的上珠靠梁（如图 3-27 所示），如直接拨加 15，25，35，45。

 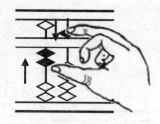

图 3-26　　　　　　　　　　　图 3-27

（2）双分，即上下珠同时离梁。

① 同档双分：在用拇指拨下珠离梁的同时，用中指拨上珠离梁（如图 3-28 所示），如直接拨减 6，7，8，9。

② 相邻档双分：在用拇指拨左一档下珠离梁的同时，用中指拨右一档上珠离梁（如图 3-29 所示），如直接拨减 15，25，35，45。

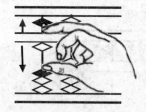 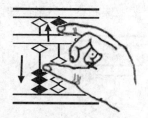

图 3-28　　　　　　　　　　　图 3-29

（3）双上，即下珠靠梁，上珠离梁。

① 同档双上：在用拇指拨下珠靠梁的同时用中指拨上珠离梁（如图 3-30 所示），如拨 5－3，5－2，5－4。

② 相邻档双上：在用中指拨右一档上珠离梁的同时，用拇指拨左一档下珠靠梁（如图 3-31 所示），如拨 5＋5，25＋5，16＋15。

 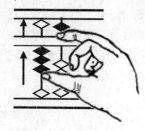

图 3-30　　　　　　　　　　　图 3-31

(4) 双下，即上珠靠梁，下珠离梁。

① 同档双下：在用中指拨上珠靠梁的同时用拇指拨下珠离梁（如图 3-32 所示），如拨 2＋3、4＋1、4+2。

② 相邻档双下：在用拇指拨左一档下珠离梁的同时，用中指拨右一档上珠靠梁（如图 3-33 所示），如拨 10－5、20－5、20－15。

图 3-32

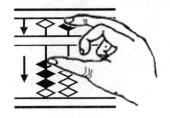

图 3-33

3. 三指拨珠

（1）进位的三指联拨：左一档下珠靠梁，右一档上下珠同时离梁（双分），在食指和中指拨右一档上、下珠离梁的同时，用拇指拨右一档下珠靠梁（如图 3-34 所示），如拨 6＋4，7＋3，9＋1 等。

（2）退位的三指联拨：左一档下珠离梁，右一档上、下珠同时靠梁，在食指拨左一档下珠离梁的同时，用拇指、中指拨右档上下珠同时靠梁（双合）（如图 3-35 所示），如 10－1，10－4 等。

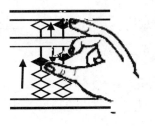

图 3-34

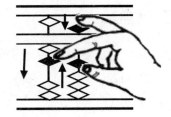

图 3-35

思考与练习

一、思考题

1. 目前的算盘有哪几种？
2. 菱珠小算盘的构造如何？
3. 珠算具有哪些特点与技巧？
4. 在两指拨珠法中，两指如何分工？
5. 在三指拨珠法中，三指如何分工？

二、练习题

1. 两指分工练习

（1）用拇指拨 0+1、0+2、0+3、0+4 各 8 次。
（2）用食指拨 0+5，0-5，0-1、0-2、0-3、0-4 各 8 次。

2. 两指拨珠练习

（1）拇指拨珠

①   1 320 421　　　　②   2 130 412　　　　③   3 142 310
　　 ＋ 3 124 023　　　　　　 ＋ 2 314 032　　　　　　 ＋ 　202 134

④   1 210 312　　　　⑤   4 031 213　　　　⑥   3 214 321
　　 ＋ 3 134 131　　　　　　 ＋ 　213 121　　　　　　 ＋ 1 230 123

⑦   3 140 212　　　　⑧   3 400 310　　　　⑨   2 143 004
　　 ＋ 1 304 232　　　　　　 ＋ 1 044 134　　　　　　 ＋ 2 301 440

（2）食指拨珠

①   1 320 421
  + 3 124 023

②   2 130 412
  + 2 314 032

③   3 142 310
  +   202 134

④   1 210 312
  + 3 134 131

⑤   4 031 213
  +   213 121

⑥   3 214 321
  + 1 230 123

⑦   3 140 212
  + 1 304 232

⑧   3 400 310
  + 1 044 134

⑨   2 143 004
  + 2 301 440

3. 三指分工练习

（1）拇指：在4个档位上来回加1共4次。

（2）食指：在算盘是4、4、4、4的基础上来回减1共4次。

（3）中指：在算盘的4个档位上来回加减5共4次。

（4）双合、双分：在空盘上分别加减6、7、8、9各8次。

（5）双上、双下：在算盘上置数4、4、4、4，然后分别加减1、2、3、4各8次。

（6）扭进、扭退：在算盘上是4、4、4、4的基础上，分别加减6、7、8、9各8次。

（7）前后合分：在空盘上分别加减15、25、35、45各8次。

（8）三指联拨：在算盘上置数6、6、6、6，然后第一次加4减3，第二次加3减2；第三次加2减1，第四次加1减4。

4. 三指法中拇指、食指扭进连拨

（1）拇、食两指扭进

| ① 11 111 | ② 22 222 | ③ 33 333 | ④ 44 444 |
| ＋99 999 | ＋88 888 | ＋77 777 | ＋66 666 |

| ⑤ 12 344 | ⑥ 21 234 | ⑦ 43 423 | ⑧ 34 324 |
| ＋98 766 | ＋89 876 | ＋67 687 | ＋76 786 |

（2）拇、食两指扭退

| ① 111 111 | ② 100 212 | ③ 22 222 | ④ 123 231 |
| －99 999 | －89 898 | －9 899 | －89 898 |

| ⑤ 627 806 | ⑥ 272 708 | ⑦ 432 313 | ⑧ 270 827 |
| －89 987 | －98 879 | －98 979 | －87 989 |

（3）进位的三指联拨

| ① 76 989 | ② 98 767 | ③ 67 898 | ④ 96 666 |
| ＋34 121 | ＋12 343 | ＋43 212 | ＋14 444 |

| ⑤ 89 766 | ⑥ 96 788 | ⑦ 98 788 | ⑧ 96 788 |
| ＋33 444 | ＋14 322 | ＋22 323 | ＋24 333 |

（4）退位的三指联拨

①   101 010　　②   202 020　　③   303 030　　④   102 030
   − 10 101　　　　− 20 202　　　　− 30 303　　　　− 30 404

⑤   111 111　　⑥   121 121　　⑦   318 293　　⑧   313 212
   − 44 444　　　　− 43 433　　　　− 30 304　　　　− 34 433

5. 三指法综合操练

(1)　　99 999 999 999　　　　　　(2)　　55 555 555 555
　　　　22 222 222 222　　　　　　　　　88 888 888 888
　　　−33 333 333 333　　　　　　　　 −99 999 999 999
　　　　44 444 444 444　　　　　　　　　22 222 222 222
　　　−55 555 555 555　　　　　　　　 −44 444 444 444
　　　　22 222 222 222　　　　　　　　　88 888 888 888
　　　−88 888 888 888　　　　　　　　 −33 333 333 333
　　　　33 333 333 333　　　　　　　　　55 555 555 555
　　　−22 222 222 222　　　　　　　　　33 333 333 333
　　　　16 161 616 161　　　　　　　　 −77 777 777 777

(3)　　33 333 333 333　　　　　　(4)　　44 444 444 444
　　　　22 222 222 222　　　　　　　　　33 333 333 333
　　　　44 444 444 444　　　　　　　　　88 888 888 888
　　　−88 888 888 888　　　　　　　　 −77 777 777 777
　　　　77 777 777 777　　　　　　　　　55 555 555 555
　　　　99 999 999 999　　　　　　　　　22 222 222 222
　　　−66 666 666 666　　　　　　　　　33 333 333 333
　　　−88 888 888 888　　　　　　　　 −77 777 777 777
　　　　44 444 444 444　　　　　　　　　66 666 666 666
　　　−55 555 555 555　　　　　　　　　33 333 333 333

第4章 珠算加减算

【学习目标】

通过本章学习,掌握基本加法和基本减法的运算方法,并能用所学的方法进行正确检验;熟练掌握一目三行加减法,同时应加强练习,为学习乘、除法打下基础。

4.1 基本加法

珠算基本加法分为口诀加法和无诀加法,一般归纳为"直接的加"、"补五的加"、"进十的加"、"破五进十的加"4种类型。"直接的加"、"补五的加"是两数相加的和不满十,在同一档就可完成的求和运算;"进十的加"、"破五进十的加"是两数相加的和大于等于十,需要进位才能运算的加法。

4.1.1 口诀加法

口诀加法是运用一套完整的口诀来指导拨珠动作进行运算的方法。这套口诀分四类26句,如表4-1所示。

表4-1

类型 口诀 加数	直接的加	补五的加	进十的加	破五进十的加
一	一上1	一下5去4	一去9进1	
二	二上2	二下5去3	二去8进1	
三	三上3	三下5去2	三去7进1	
四	四上4	四下5去1	四去6进1	
五	五上5		五去5进1	
六	六上6		六去4进1	六上1去5进1
七	七上7		七去3进1	七上2去5进1
八	八上8		八去2进1	八上3去5进1
九	九上9		九去1进1	九上4去5进1

在表 4-1 中，每句口诀的头一个汉字表示加数；后面的数字表示所拨算珠代表的数；"上"表示拨珠靠梁；"下"表示拨上珠靠梁；"进"表示在左一档上拨珠靠梁。

1. 直接的加

直接的加是指当拨入被加数后，再加上一个加数时，加数能够在本档直接加上，不必变动原已靠梁的算珠。也就是说，加数是"几"，就直接把"几"拨上。直接的加可使用"几上几"的口诀，具体的拨珠指法如表 4-2 所示。

表 4-2

加 数	口 诀	三指拨珠法	二指拨珠法
一	一上 1	用拇指拨下珠靠梁	用拇指拨下珠靠梁
二	二上 2		
三	三上 3		
四	四上 4		
五	五上 5	用中指拨上珠靠梁	用食指拨上珠靠梁
六	六上 6	用拇指拨下珠、中指拨上珠同时靠梁	用食指拨上珠、拇指拨下珠同时靠梁
七	七上 7		
八	八上 8		
九	九上 9		

【例 4-1】 243＋651＝894

（1）定好个位档，然后将被加数 243 拨在算盘上，如图 4-1 所示。

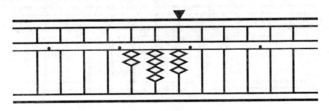

图 4-1

（2）在百位上加 6（六上 6），十位上加 5（五上 5），个位上加 1（一上 1），得和数为 894，如图 4-2 所示。

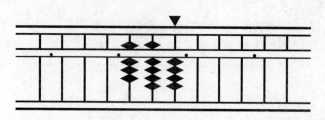

图 4-2

2. 补五的加

补五的加是指当被加数在本档占用部分下珠时,若要加上一个小于 5 的数,这时下珠不够加,就需要拨上珠 5 靠梁,同时把多加的数在下珠中减去。补五的加可使用"几下 5 去几"的口诀,具体拨珠指法如表 4-3 所示。

表 4-3

加 数	口 诀	三指拨珠法	二指拨珠法
一	一下 5 去 4	用中指拨上珠靠梁,同时用食指拨下珠离梁	用食指拨上珠靠梁,同时用食指(或拇指)拨下珠离梁
二	二下 5 去 3		
三	三下 5 去 2		
四	四下 5 去 1		

【例 4-2】 3 424＋3 142＝6 566

(1) 定好个位档,然后将被加数 3 424 拨在算盘上,如图 4-3 所示。

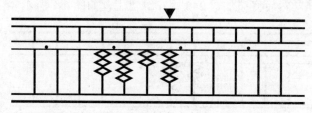

图 4-3

(2) 在千位上加 3 (三下 5 去 2),百位上加 1 (一下 5 去 4),十位上加 4 (四下 5 去 1),个位上加 2 (二下 5 去 3),得和数为 6 566,如图 4-4 所示。

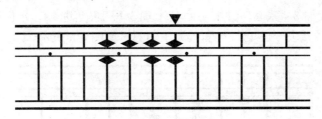

图 4-4

3. 进十的加

进十的加是指当被加数、加数相加之和大于或等于 10 时,要向左一档进一,同时把多加的数在本档上直接减去。进十的加可使用"几去几进一"的口诀,具体拨珠指法如表 4-4 所示。

表 4-4

加 数	口 诀	三指拨珠法	二指拨珠法
一	一去 9 进 1	先用中指和食指同时拨上下珠离梁,再向左一档进一靠梁	先用食指拨下珠离梁,再向前一档进一靠梁
二	二去 8 进 1		
三	三去 7 进 1		
四	四去 6 进 1		
五	五去 5 进 1	先用中指拨上珠离梁,再向左一档进一靠梁。	先用食指拨上珠离梁,再向前一档进一靠梁
六	六去 4 进 1	先用食指拨下珠离梁,再向左一档进一靠梁	先用食指拨下珠离梁,再向前一档进一靠梁
七	七去 3 进 1		
八	八去 2 进 1		
九	九去 1 进 1		

【例 4-3】 3 964 + 8 359 = 12 323

(1) 定好个位档,然后将被加数 3 964 拨在算盘上,如图 4-5 所示。

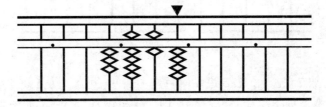

图 4-5

(2) 在千位上加 8（八去 2 进 1），百位上加 3（三去 7 进 1），十位上加 5（五去 5 进 1），个位数上加 9（九去 1 进 1），得和数为 12 323，如图 4-6 所示。

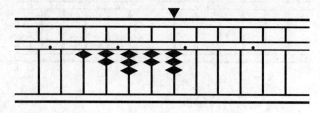

图 4-6

4. 破五进十的加

当被加数在本档占用上珠时，若要加上 6~9 之间的数，两数之和满 10，就要向左一档进一，但本档无法直接减去多加的数，这时就要用"破五进十的加"。其可使用"几上几去 5 进 1"的口诀，具体拨珠指法如表 4-5 所示。

表 4-5 破五进十的加拨珠指法

加 数	口 诀	三指拨珠法	二指拨珠法
六	六上 1 去 5 进 1	用拇指拨下珠靠梁，同时用中指拨上珠离梁，再向左一档进一靠梁	用拇指拨下珠靠梁，同时用食指拨上珠离梁，再向前一档进一靠梁
七	七上 2 去 5 进 1		
八	八上 3 去 5 进 1		
九	九上 4 去 5 进 1		

【例 4-4】 7 565＋7 968＝15 533

(1) 定好个位档，然后将被加数 7 565 拨在算盘上，如图 4-7 所示。

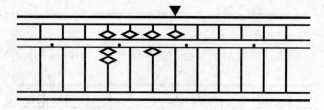

图 4-7

(2) 在千位上加 7（七上 2 去 5 进 1），百位上加 9（九上 4 去 5 进 1），十位上加 6（六上 1 去 5 进 1），个位上加 8（八上 3 去 5 进 1），得和数为 15 533，如图 4-8 所示。

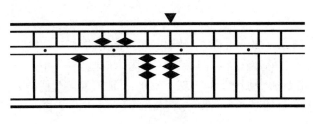

图 4-8

4.1.2 无诀加法

加法的口诀完全是根据"五的凑数，十的补数"的原理编写而成的。按照这种原理及其运算规则进行加法运算，称之为凑五补十加法，又称为无诀加法。

1. 直接的加

直接的加是指在本档拨入被加数后，再加上一个加数时，只需拨珠靠梁，并不改变被加数原来的位置。其运算规则是："加看框珠，够加直加"。

【例 4-5】 612＋172＝784

（1）定好个位档，然后将被加数 612 拨在算盘上，如图 4-9 所示。

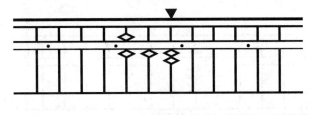

图 4-9

（2）在百位上加 1，十位上加 7，个位上加 2，得和数为 784，如图 4-10 所示。

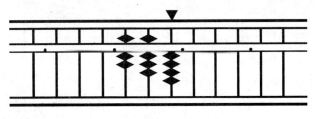

图 4-10

2. 补五的加

补五的加是指本档已有部分下珠，若要再加小于 5 的数时，本档下珠不够，这时需要拨上珠靠梁，同时把多加的数在下珠中减去。其运算规则是："下珠不够，加五减凑"。

"下珠不够"是指要加上加数，但下珠不够加；"加五减凑"是指先拨上珠靠梁（加五），再减去加数 5 的互凑数，即减凑。例如，3＋4＝3＋（5－1），其中 1 是加数 4 的凑数（5－4＝1）。

【例 4-6】 341＋414＝755

（1）定好个位档，然后将被加数 341 拨在算盘上，如图 4-11 所示。

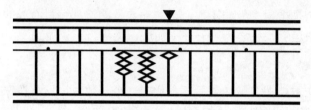

图 4-11

（2）在百位上加 4（＋5－1），十位上加 1（＋5－4），个位加上 4（＋5－1），得和数为 755，如图 4-12 所示。

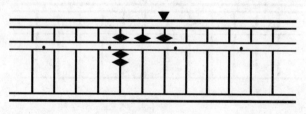

图 4-12

3. 进十的加

进十的加是指两数相加之和满十时，需在本档直接减去加数与十的差数，然后向左一档进一。其运算规则是："本档满十，减补进一"。

"本档满十"是指两数相加，本档超 9（满十）；"减补进一"是指先减去加数对 10 的补数，即减补，再向左一档进一。例如，4＋9＝4＋（－1＋10），其中 1 是加数 9 的补数。

【例 4-7】 724＋597＝1 321

（1）定好个位档，然后将被加数 724 拨在算盘上，如图 4-13 所示。

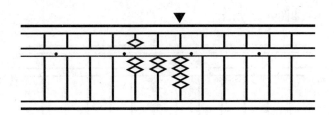

图 4-13

（2）在百位上加 5（-5+10），十位上加 9（-1+10），个位上加 7（-3+10），得和数为 1 321，如图 4-14 所示。

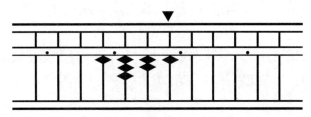

图 4-14

4. 破五进十的加

破五进十的加是指被加数已有上珠靠梁，当加 6、7、8、9 时，本档满十，需要向左一档进一，然后减补数时必须减去上珠 5，并在下珠加还多减的数。其运算规则是："本档满十，加凑减五进一"。

"本档满十，加凑减五进一"是指两数相加满十，在减去加数的补数进 1 不行的情况下，先在下珠加上加数补数的凑数，再减去上珠 5，最后向左一档进一。

【例 4-8】 758＋796＝1 554

（1）定好个位档，然后将被加数 758 拨在算盘上，如图 4-15 所示。

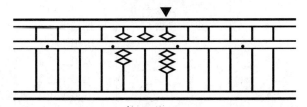

图 4-15

（2）在百位上加 7（+2-5+10），十位上加 9（+4-5+10），个位上加 6（+1-5+

10）得和数为 1 554，如图 4-16 所示。

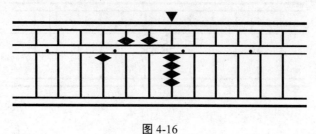

图 4-16

4.2 基本减法

减法与加法互为逆运算，珠算基本减法也分为口诀减法和无诀减法，一般归纳为"直接的减"、"破五的减"、"退十的减"、"退十补五的减"4 种类型。

4.2.1 口诀减法

口诀减法是运用一套完整的口诀来指导拨珠动作进行运算的方法。这套口诀分四类26句，如表4-6所示。

表 4-6

类型 口诀 减数	直接的减	补五的减	进十的减	破五进十的减
一	一去1	一上4去5	一退1还9	
二	二去2	二上3去5	二退1还8	
三	三去3	三上2去5	三退1还7	
四	四去4	四上1去5	四退1还6	
五	五去5		五退1还5	
六	六去6		六退1还4	六退1还5去1
七	七去7		七退1还3	七退1还5去2
八	八去8		八退1还2	八退1还5去3
九	九去9		九退1还1	九退1还5去4

在表 4-6 中，每句口诀的头一个汉字表示减数；后面的数字表示所拨珠代表的数；"上"

表示拨珠靠梁;"去"表示拨珠离梁;"退"表示在左一档上减一;"还"表示在本档上加数。

1. 直接的减

直接的减是指当拨入被减数后,再减去一个减数时,减数能够在本档直接减去,不必变动原已靠梁的算珠。也就是说,减数是"几",就直接把"几"拨去。直接的减法可使用"几去几"的口诀,具体的拨珠指法如表4-7所示。

表 4-7

减 数	口 诀	三指拨珠法	二指拨珠法
一	一去1	用食指拨下珠离梁	用食指拨下珠离梁
二	二去2		
三	三去3		
四	四去4		
五	五去5	用中拨上珠离梁	用食指拨上珠离梁
六	六去6	用食指和中指拨上、下珠同时离梁	用拇指和食指拨上、下珠同时离梁
七	七去7		
八	八去8		
九	九去9		

【例4-9】 798－165＝633

(1) 定好个位档,然后将被减数798拨在算盘上,如图4-17所示。

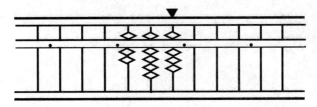

图 4-17

(2) 在百位上减1(一去1),十位上减6(六去6),个位上减5(五去5),得差数为633,如图4-18示。

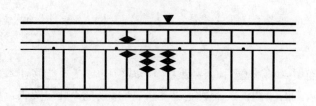

图 4-18

2. 破五的减

破五的减是指当被减数在本档已占用上珠时,若减去一个小于 5 的数,下珠不够减,需要拨上珠 5 离梁,同时把多减的数用下珠加上。破五的减可使用"几上几去几"的口诀,具体拨珠指法如表 4-8 所示。

表 4-8 破五的减拨珠指法

减 数	口 诀	三指拨珠法	二指拨珠法
一	一上 4 去 5	用拇指拨下珠靠梁,同时用中指拨上珠离梁	用拇指拨下珠靠梁,同时用食指拨上珠离梁
二	二上 3 去 5		
三	三上 2 去 5		
四	四上 1 去 5		

【例 4-10】 7 856－3 412＝4 444

(1) 定好个位档,然后将被减数 7 856 拨在算盘上,如图 4-19 所示。

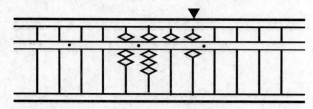

图 4-19

(2) 在千位上减 3(三上 2 去 5),百位上减 4(四上 1 去 5),十位上减 1(一上 4 去 5),个位上减 2(二上 3 去 5),得差数为 4 444,如图 4-20 所示。

第4章 珠算加减算

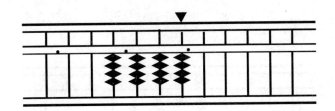

图 4-20

3. 退十的减

退十的减是指当本档不够减时，要从左一档上减 1，在本档当作十，然后将多减的数在本档直接加上。退十的减可使用"几退 1 还几"的口诀，具体拨珠指法，如表4-9所示。

表 4-9

减数	口诀	三指拨珠法	二指拨珠法
一	一退 1 还 9	先用食指向左一档拨一下珠离梁，再用中指和拇指同时拨本档上下珠靠梁	先用食指向前一档拨一下珠离梁，再用食指和拇指同时拨本档上下珠靠梁
二	二退 1 还 8		
三	三退 1 还 7		
四	四退 1 还 6		
五	五退 1 还 5	先用食指向左一档拨一下珠离梁，再用中指拨本档上珠靠梁	先用食指向前一档拨一下珠离梁，再用食指拨本档上珠靠梁
六	六退 1 还 4	先用食指向左一档拨一下珠离梁，再用拇指拨下珠靠梁	先用食指向前一档拨一下珠离梁，再用拇指拨本档下珠靠梁
七	七退 1 还 3		
八	八退 1 还 2		
九	九退 1 还 1		

【例 4-11】　1 021－258＝763

（1）定好个位档，然后将被减数 1 021 拨在算盘上，如图 4-21 示。

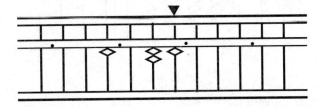

图 4-21

（2）在百位上减 2（二退 1 还 8），十位上减 5（五退 1 还 5），个位上减 8（八退 1 还 2），得差数为 763，如图 4-22 示。

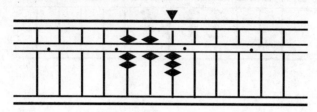

图 4-22

4. 退十补五的减

当本档被减数占用下珠，不够减 6、7、8、9 时，需从左一档上减 1 到本档作 10 减，但多减的数在本档不能直接加上，这时就要用"退十补五的减"。其可使用"几退 1 还 5 去几"的口诀，具体拨珠指法如表 4-10 所示。

表 4-10

减　数	口　诀	三指拨珠法	二指拨珠法
六	六退 1 还 5 去 1	先用食指在左一下档拨一颗下珠离梁，再用中指在本档上珠靠梁，同时拨下珠离梁	先用食指在前一档拨一下珠离梁，再用食指拨上珠靠梁，同时（或用拇指）拨下珠离梁
七	七退 1 还 5 去 2		
八	八退 1 还 5 去 3		
九	九退 1 还 5 去 4		

【例 4-12】　13 444－8 697＝4 747

（1）定好个位档，然后将被减数 13 444 拨在算盘上，如图 4-23 示。

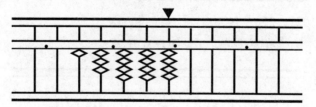

图 4-23

（2）在千位上减 8（八退 1 还 5 去 3），百位上减 6（六退 1 还 5 去 1），十位上减 9（九退 1 还 5 去 4），个位上减 7（七退 1 还 5 去 2），得差数为 4 747，如图 4-24 示。

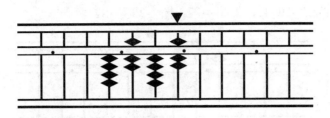

图 4-24

5. 隔档退位减

在减法运算中,"退档"时会遇到前档有两个或两个以上的"0",遇到此种情况则要采用隔档退位或隔几档退位。

隔档退位的规律是：隔了几档退位,退 1 后就要还上几个 9,并在本档（应减档）上加上几,加上几与减去几刚好满 10。

（1）隔一档退位的减

【例 4-13】 100－7＝93

运算：个位档是 0,减去 7,不够减,向十位档退 1,而十位档也是 0,必须再向百位档退,在百位档退 1,从十位档起加上 93,如图 4-25、图 4-26 所示。

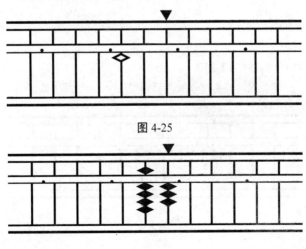

图 4-25

图 4-26

（2）隔二位档退位的减

【例 4-14】 5 000－6＝4 994

运算：个位档是 0,减去 6,不够减；十位档和百位档都是 0,应向千位档退 1,在其千位档起加上"4 994",如图4-27、图4-28所示。

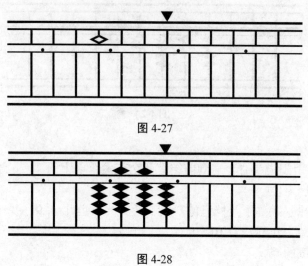

图4-27

图4-28

4.2.2 无诀减法

1. 直接的减

直接的减是指在本档拨入被减数后减去一个减数时,只需拨减数离梁。其运算规则是:"减看梁珠,够减直减"。

【例4-15】 4 963－3 751＝1 212

(1) 定好个位档,然后将被减数4 963拨在算盘上,如图4-29所示。

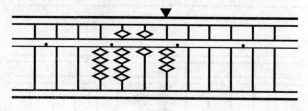

图4-29

(2) 在千位上减3,百位上减7,十位上减5,个位上减1,得差数为1 212,如图4-30所示。

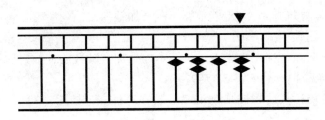

图 4-30

2. 破五的减

破五的减是指当本档已有上珠靠梁，若要减去小于 5 的减数，但下珠不够减，则需用破五减法。其运算规则是："下珠不够，加凑减五"。

"下珠不够"——减去减数，下珠不够减。

"加凑减五"——先加上减数"5 的凑数"，即加凑再减去上珠 5。

【例 4-16】 6 857－2 413＝4 444

（1）定好个位档，然后将被减数 6 857 拨在算盘上，如图 4-31 所示。

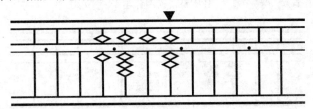

图 4-31

（2）在千位上减 2（＋3－5），百位上减 4（＋1－5），十位上减 1（＋4－5），个位上减 3（＋2－5），得差数为 4 444，如图 4-32 所示。

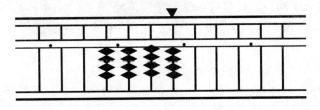

图 4-32

3. 退十的减

退十的减是指两数相减，本档不够减时，需从左一档退一，同时在本档加上这个减数对 10 的补数。其运算规则是:"本档不够,退一加补"。

本档不够——两数相减,本档不够减。

退一加补——向左一档退一当十,再在本档上加上减数的补数,即加补。

【例 4-17】 42 713－3 954＝38 759

(1) 定好个位档,然后将被减数 42 713 拨在算盘上,如图 4-33 所示。

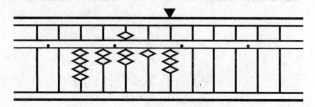

图 4-33

(2) 在千位上减 3 时不够减,需向万位退一 (－10＋7);百位上减 9 不够减,需向千位退一 (－10＋1);十位减 5 不够减,需向百位退一 (－10＋5);个位上减 4 不够减,需向十位退一 (－10＋6),得差数为 38 759,如图 4-34 所示。

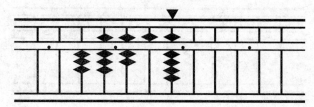

图 4-34

4. 退十补五的减

当本档被减数小于减数,且只有下珠靠梁,再减 6、7、8、9 各数不够减时,需从左一档上减 1 到本档作 10 减,多减的数不能直接加上。其运算规则是:"本档不够,退一加五减凑"。

本档不够——两数相减,本档不够减;

退一加五减凑——先向左一档退一当十,接着加上珠 5,然后在下珠减去减数的补数的凑数。

【例 4-18】 24 244－7 689＝16 555

(1) 定好个位档,然后将被减数 24 244 拨在算盘上,如图 4-35 所示。

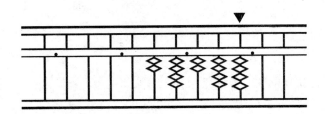

图 4-35

（2）在千位上减 7（－10＋5－2），百位上减 6（－10＋5－1），十位上减 8（－10＋5－3）；个位减 9（－10＋5－4）得差数为 16 555，如图 4-36 所示。

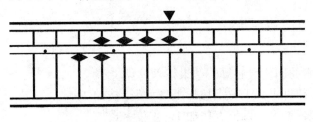

图 4-36

4.3　简捷运算法

1. 一目两行加减法

（1）一目两行加法

一目两行加法是指在竖式加法运算中，用心算把两行同位数字求和，然后拨入算盘相应的档次上的一种方法。两数之和有三种情况：不满十、满十和超过十。

【例 4-19】　　376
　　　　　　　＋ 213
　　　　　　　　589

将两行自左至右的同位数心算的结果拨入算盘。

① 3＋2＝5：不满十，直加。

② 7＋1＝8：不满十，直加。

③ 6＋3＝9：不满十，直加。

此时，得和数为 589。

【例 4-20】　　379
　　　　　＋ 731
　　　　　1 110

将两行自左至右的同位数心算的结果拨入算盘。

① 3+7=10：满十，千位上拨 1，百位上拨 0。

② 7+3=10：满十，百位上拨 1，十位上拨 0。

③ 9+1=10：满十，十位上拨 1，个位上拨 0。

此时，得和数为 1110。

【例 4-21】　　426
　　　　　＋ 895
　　　　　1 321

将两行自左至右的同位数心算的结果拨入算盘。

① 4+8=12：超过十，千位上拨加 1，百位上拨加 2。

② 2+9=11：超过十，百位上拨加 1，十位上拨加 1。

③ 6+5=11：超过十，十位上拨加 1，个位上拨加 1。

此时，得和数为 1321。

（2）一目两行减法

一目两行混合加减法是指用心算求出两行同位数的和或差，然后拨入算盘相应的档次上的一种方法。

【例 4-22】　　9 625
　　　　　－ 4 832
　　　　　4 793

将两行自左至右的同位数心算的结果拨入算盘。

① 9-4=5：千位上拨加 5。

② 6-8=-2：百位上拨减 2。

③ 2-3=-1：十位上拨减 1。

④ 5-2=3：个位上拨加 3。

此时，得差数为 4793。

2. 一目三行加减法

（1）一目三行加法

第4章 珠算加减算

一目三行加法是指在竖式加法运算中，用心算把三行同位数字求和，然后拨入算盘相应的档次上的一种方法。

由于三行合并数字增加，无论心算还是看数都比两行合并难度大，因此更要勤于练习，找出三行数字组合的规律，最后形成条件反射。

【例4-23】　　476
　　　　　　　839
　　　　　　　618
　　　　　　　1 933

将三行自左至右同位数心算的结果拨入算盘。

① 4＋8＋6＝18：千位上拨加1，百位上拨加8。
② 7＋3＋1＝11：百位上拨加1，十位上拨加1。
③ 6＋9＋8＝23：十位上拨加2，个位上拨加3。

此时，得和数为1 933。

【例4-24】　　7 624
　　　　　　　876
　　　　　　　421
　　　　　　　3 286
　　　　　　　417
　　　　　　　4 892
　　　　　　　17 516

① 将一、二、三行自左至右心算相加拨入算盘。

➢ 7＋0＋0＝7：千位上拨加7。
➢ 6＋8＋4＝18：千位上拨加1，百位上拨加8。
➢ 2＋7＋2＝11：百位上拨加1，十位上拨加1。
➢ 4＋6＋1＝11：十位上拨加1，个位上拨加1。

② 将四、五、六行自左至右心算相加，拨入算盘。

➢ 3＋0＋4＝7：千位上拨加7。
➢ 2＋4＋8＝14：千位上拨加1，百位上拨加4。
➢ 8＋1＋9＝18：百位上拨加1，十位上拨加8。
➢ 6＋7＋2＝15：十位上拨加1，个位上拨加5。

此时，得和数为 17 516。

（2）一目三行混合加减法

一目三行混合加减法是指用心算求出三笔同位数的和或差，然后在盘上拨上加数或拨上减数的一种方法。

【例 4-25】
```
       46 582
       71 204
      -24 987
       ─────
           9
           3
          -2
           0
          -1
       ─────
       92 799
```

将一、二、三行自左至右同位数心算的结果拨入算盘。

① 4＋7－2＝9：万位上拨加 9。
② 6＋1－4＝3：千位上拨加 3。
③ 5＋2－9＝－2：百位上拨减 2。
④ 8＋0－8＝0：十位上拨加 0。
⑤ 2＋4－7＝－1：个位上拨减 1。

此时，得和数为 92 799。

【例 4-26】
```
       81 725
      -76 496
       32 734
       ─────
           4
          -3
          10
          -4
           3
       ─────
       37 963
```

将一、二、三行自左至右同位数心算的结果拨入算盘。

① 8－7＋3 ＝4：万位上拨加 4。

② 1−6+2=−3：千位上拨减 3。
③ 7−4+7=10：千位上拨加 1，百位上拨加 0。
④ 7−9+3=−4：十位上拨减 4。
⑤ 5−6+4=3：个位上拨加 3。
此时，得和数为 37 963。

（3）一目三行弃九舍十法

一目三行弃九舍十法是指利用补数加齐减补，即按照后位满九，前位加一，中位弃九，末位弃十，余几加几，差几减几的运算规则进行一目三行加法运算的方法。其运算规则如下。

① "后位满九，前位加一"。

后位满九——前位的后一位数（包括首数）≥9，在前位上加 1。

② "中位弃九，末位弃十，余几加几，差几减几"。

中位——前位的右一位起到末位的左一位的各位数。

中位弃九——中位中同位数的三个数之和减九（弃九）。

末位——数的最末位。

末位弃十——末位中同位数的三个数之和减十（弃十）。

余几加几——弃九或弃十后，余多少数，就在同位数档上加上多少。

差几减几——弃九或弃十后，还少多少，就在同位数档上减去多少。

【例 4-27】　　前　中　末
　　　　　　　位　位　位
　　　　　　　↑ ⌒ ↑
　　　　　　1 765 718
　　　　　31 478 623
　　　　　　6 235 817
　　　　　―――――――
　　　　　　3 → 拨原数
　　　　　　9 → 后位超九，前位加 1，即 8+1=9
　　　　　　 4 → 弃九（2+7=9）余四，拨加 4
　　　　　　　7 → 弃九（3+6=9）余七，拨加 7
　　　　　　　 9 →弃九余一（5+5−9=1），1+8=9，拨入 9
　　　　　　　12 →弃九余五（8+6−9=5），5+7=12，拨加 12
　　　　　　　 −5 → 差五减五（4−9=−5），拨减 5
　　　　　　　　8 → 弃十（3+7=10）余八，拨加 8
　　　　　―――――――
　　　　　39 480 158

（4）一目三行加几弃九减几法

一目三行弃九舍十法在计算中容易错 1，其原因就是弃九舍十法要求中间各位弃九，末位弃十，有时容易把末位也弃九。现行的加减算是 15 行或 20 行。这样，就有必要将 15 行的分五组，20 行的分七组，分几组就"几弃九减几"。

【例 4-28】

$$
\left.\begin{array}{r} 37\,258 \\ 6\,418 \\ 76\,321 \end{array}\right\}（第一组）
$$

$$
\left.\begin{array}{r} 5\,908 \\ 24\,165 \\ 3\,587 \end{array}\right\}（第二组）
$$

$$
\left.\begin{array}{r} 62\,469 \\ 76\,288 \\ 3\,969 \end{array}\right\}（第三组）
$$

$$
\left.\begin{array}{r} 60\,428 \\ 5\,390 \\ 28\,094 \end{array}\right\}（第四组）
$$

$$
\left.\begin{array}{r} 7\,196 \\ 8\,398 \\ 92\,146 \end{array}\right\}（第五组）
$$

$$
\overline{498\,035}
$$

将本例中的 15 行分成五组，运用"首位加五，各位弃九，末位再减五"进行计算。其计算步骤如下。

① 首先在十万位档拨入 5。

② 第一组：
- $3+0+7=10-9=1$：在万位上拨加 1。
- $7+6+6=19-9=10$：在万位上拨加 1，千位上拨加 0。
- $2+4+3=9-9=0$：不拨珠。
- $5+1+2=8-9=-1$：在十位上拨减 1。
- $8+8+1=17-9=8$：在个位上拨加 8。

③ 第二组：
- $0+2+0=2-9=-7$：在万位上拨减 7。
- $5+4+3=12-9=3$：在千位上拨加 3。
- $9+1+5=15-9=6$：在百位上拨加 6。

- ➢ 0＋6＋8＝14－9＝5：在十位上拨加 5。
- ➢ 8＋5＋7＝20－9＝11：在十位上拨加 1，个位上拨加 1。

④ 第三组：
- ➢ 6＋7＋0＝13－9＝4：在万位上拨加 4。
- ➢ 2＋6＋3＝11－9＝2：在千位上拨加 2。
- ➢ 4＋2＋9＝15－9＝6：在百位上拨加 6。
- ➢ 6＋8＋6＝20－9＝11：在百位上拨加 1，十位上拨加 1。
- ➢ 9＋8＋9＝26－9＝17：在十位上拨加 1，个位上拨加 7。

⑤ 第四组：
- ➢ 6＋0＋2＝8－9＝－1：在万位上拨减 1。
- ➢ 0＋5＋8＝13－9＝4：在千位上拨加 4。
- ➢ 4＋3＋0＝7－9＝－2：在百位上拨减 2。
- ➢ 2＋9＋9＝20－9＝11：在百位上拨加 1，十位上拨加 1。
- ➢ 8＋0＋4＝12－9＝3：在个位上拨加 3。

⑥ 第五组：
- ➢ 0＋0＋9＝9－9＝0：不拨珠
- ➢ 7＋8＋2＝17－9＝8：在千位上拨加 8。
- ➢ 1＋3＋1＝5－9＝－4：在百位上拨减 4。
- ➢ 9＋9＋4＝22－9＝13：在百位上拨加 1，十位上拨加 3。
- ➢ 6＋8＋6＝20－9＝11：在十位上拨加 1，个位上拨加 1。

⑦ 最后在末档减去 5。此时，得和数为 498 035。

如果题型是 20 行，则"加七弃九减七"，分成七组进行计算。

4.4 常用练习法

1. 一条心

一条心也称加 625，即将 625 连加 16 次得出总数 10 000。一条心可以分段练习，连加 4 次 625 结果为 2 500，连加 8 次 625 结果为 5 000，连加 12 次 625 结果为 7 500。

2. 七盘清

七盘清也叫七盘成，即在算盘上拨 123 456 789，然后将 123456789 连加七遍，最后在末位上加 9，结果为 987 654 321。其具体步骤如下。

首先在算盘上拨加 123 456 789，连加七遍的结果分别为：
第一盘在 123456789 上加 123456789，得结果 246 913 578；
第二盘在 246 913 578 上加 123456789，得结果 370 370 367；
第三盘在 370 370 367 上加 123456789，得结果 493 827 156；
第四盘在 493 827 156 上加 123456789，得结果 617 283 945；
第五盘在 617 283 945 上加 123456789，得结果 740 740 743；
第六盘在 740 740 743 上加 123456789，得结果 864 197 523；
第七盘在 864 197 523 上加 123456789，得结果 987 654 312；
最后，在末位拨加 9，结果即为 987 654 321。

3. 三盘成

三盘成也叫三盘清，即在算盘上拨加 123 456 789，然后从左到右见几加几，连拨三盘，最后在末位上加 9，结果为 987 654 321。其具体步骤如下。

首先在算盘上拨加 123 456 789，然后从左到右见几加几的结果分别为：
第一盘在 123456789 上加 123456789，得结果 246 913 578；
第二盘在 246 913 578 上加 246 913 578，得结果 493 827 156；
第三盘在 493 827 15 上加 493 827 15，得结果 987 654 312；
最后，在末位上拨加 9，结果即为 987 654 321。

4. 加减百子

加百子，即在算盘上拨入 1，然后连续加上 2、3、4……100，结果为 5 050。

减百子，即从 5 050 中逐次减 1、2、3、4……100，结果为 0。

练习打百子可以分段进行，各段得数如表 4-11、表 4-12 所示。

表 4-11

加数	10	20	36	50	60	70	80	90	100
和	55	210	666	1 275	1 830	2 485	3 240	4 095	5 050

表 4-12

减数	10	20	36	50	60	70	80	90	100
差	4 995	4 840	4 585	3 775	3 220	2 565	1 810	955	0

思考与练习

一、思考题

1．学习珠算加减法有何重要性？
2．无诀加减法如何运算？
3．一目三行加减法如何运算？

二、练习题

1．用口诀加法直接的加计算下列各题

（1）112＋5 072＝
（2）1.03＋0.61＋7.25＝
（3）713＋165＝
（4）111＋333＋555＝
（5）301.6＋537.2＝
（6）2 222＋6 666＝
（7）257＋142＝
（8）555＋333＝
（9）2 615＋2 314＝
（10）4 444＋5 555＝

2．用口诀加法补五的加计算下列各题

（1）42.1＋14.4＝
（2）4 331＋2 324＝
（3）233＋432＝
（4）143＋432＝
（5）43.33＋43.24＝
（6）132＋423＝
（7）44 321＋12 344＝
（8）3 241＋3 314＝
（9）3 234＋4 321＝
（10）44 321＋11 234＝

3. 用口诀加法进十的加计算下列各题

（1）846＋5 794＝

（2）4.68＋0.34＝

（3）459＋852＝

（4）955＋836＝

（5）85.03＋14.97＝

（6）23 567＋77 544＝

（7）2 987＋7 013＝

（8）567＋873＝

（9）5 439＋7 855＝

（10）3 794＋5 427＝

4. 用口诀加法破五进十的加计算下列各题

（1）68.57＋86.67＝

（2）521.93＋598.17＝

（3）5 687＋765＝

（4）567＋943＝

（5）456.37＋876.29＝

（6）3 567＋5 67＝

（7）34.56＋77.68＝

（8）67 555＋42 758＝

（9）9 876＋5 555＝

（10）5 438＋6 684＝

5. 用无诀加法直接的加计算下列各题

（1）235＋102＋561＝

（2）202.10＋142.01＋505.86＝

（3）9 016＋720＋153＝

（4）11 111＋22 333＝

（5）2.03＋16.31＋60.15＝

（6）555＋333＝

（7）13 214＋20 130＋65 050＝

(8) 12 345+34 111=

(9) 203 141+41 302+605 050=

(10) 54 223+31 221=

6. 用无诀加法补五的加计算下列各题

(1) 423+443=

(2) 6 173.48+1 402.31=

(3) 473 624+214 043=

(4) 3 456+4 555=

(5) 32 403+44 263=

(6) 678 436+56 655=

(7) 543 961+112 014=

(8) 45 345+77 777=

(9) 472 038+103 921=

(10) 13 543+45 659=

7. 用无诀加法进十的加计算下列各题

(1) 72.6+59.4=

(2) 17.62+12.39=

(3) 934+186=

(4) 765+496=

(5) 783+489=

(6) 87 432+24 666=

(7) 23 476+87 534=

(8) 6 543+4 567=

(9) 698.24+412.79=

(10) 9 763+4 654=

8. 用无诀加法破五进十的加计算下列各题

(1) 456.37+876.29=

(2) 7 563+872+6 749=

(3) 555+678=

(4) 765+987=

（5）574＋671＋368＝
（6）4 598＋7 564＝
（7）34.56＋77.68＝
（8）87 653＋34 576＝
（9）586＋767＋1 395＝
（10）9 482＋6 649＝

9. 用口诀减法直接的减计算下列各题

（1）448－317＝
（2）6 749－105－5 124＝
（3）797－186＝
（4）77 777－55 555＝
（5）464－162＝
（6）987－453＝
（7）493－162－210＝
（8）8 634－7 123＝
（9）897－251－536＝
（10）75 753－34 321＝

10. 用口诀减法破五的减计算下列各题

（1）867－434＝
（2）5 678－1 234＝
（3）6 576－3 244＝
（4）9 999－4 444＝
（5）8 567－4 123＝
（6）777－222＝
（7）5 786－1 342＝
（8）56 789－1 234＝
（9）7 565－3 244＝
（10）876－320＝

11. 用口诀减法退十的减计算下列各题

(1) 11 625－3 816＝

(2) 4 607－819－989＝

(3) 8 651－3 972＝

(4) 7 340－3 899＝

(5) 4 215－2 856＝

(6) 87 352－65 873＝

(7) 4 563－985＝

(8) 3 569－1978＝

(9) 6 327－198－546＝

(10) 62 523－45 976＝

12. 用口诀减法退十补五的减计算下列各题

(1) 54 324－7 458＝

(2) 712.43－67.85－78.46＝

(3) 30 134－6 279＝

(4) 34 023－12 493＝

(5) 14 352－9 768＝

(6) 709－358＝

(7) 14.37－8.76-3.26＝

(8) 54 008－34 552＝

(9) 38.69－4.37－8.76＝

(10) 50 135－43 782＝

13. 用无诀减法直接的减计算下列各题

(1) 428－215＝

(2) 3 847－206－521＝

(3) 384－165＝

(4) 666－555＝

(5) 869－257＝

(6) 78 965－20 310＝

(7) 6 598－5 032＝

(8) 456－251＝

(9) 6 975－325－1 550＝

(10) 7 390－5 1 50＝

14. 用无诀减法破五的减计算下列各题

(1) 564-121＝

(2) 96.58-32.41-42.03＝

(3) 687-343＝

(4) 876-458＝

(5) 678-432＝

(6) 6 753-3 444＝

(7) 85.67-41.32＝

(8) 45 874-32 444＝

(9) 865.9-432.7＝

(10) 6 358-4 789＝

15. 用无诀减法退十的减计算下列各题

(1) 2 146－358＝

(2) 572.81－15.97－506.75＝

(3) 18 317－9 488＝

(4) 67 822－58 935＝

(5) 267.35－86.55＝

(6) 34 097－21 467＝

(7) 30 472－1 589－19 785＝

(8) 734－388＝

(9) 35 174－28 915－5 867＝

(10) 9 432－5 678＝

16. 用无诀减法退十补五的减计算下列各题

(1) 2 433－865＝

(2) 362.14－157.89＝

(3) 15 431－9 876＝

(4) 34 444－23 678＝

(5) 144.44－67.89＝

(6) 2 143－987＝

(7) 24 369－9 847＝

(8) 15 346－5 677＝

(9) 8 143－7 697＝

(10) 4 345－2 968＝

17. 用一目两行加减法计算下列各题

```
(1)      204            (2)    6 293
         573                   －301
       2 089                    457
       －346                   －634
       －592                    186
      ＋8 237                 ＋5 012

(3)      173            (4)    7 356
       5 064                  －214
         719                    534
       7 432                  －109
       －608                    862
       ＋395                  －943

(5)    8 945            (6)    8 945
       －736                    537
       －214                    614
        582                   －396
       －691                    215
        429                   －362
```

18. 六～四级加减练习

(1) 限时 10 分钟

①	②	③	④	⑤
458	2 503	7 625	540	1 843
7 301	18 917	713 706	1 125	92 306
524 896	8 084	9 267	92 908	364 917
5 903	419	318	517	2 034
425	420 647	60 576	339	681
70 680	218	3 229	463 381	7 120
1 253	8 702	972 511	6 693	359
706	491	8 106	784	46 703
817 293	830	573	64 032	9 865
674	5 624	6 882	7 406	317
61 236	32 503	970	281	57 608
987	846	338	24 759	571
718	7 336	6 160	730	2 345
6 239	908 249	76 832	5 248	123 478
2 082	3 172	501	636	992

⑥	⑦	⑧	⑨	⑩
2 054	124	401 256	2 867	968
76 773	30 478	−7 659	3 741	82 555
914	135	50 621	30 625	6 704
6 709	7 619	−9 174	6 837 459	114 317
84 531	2 843	142 805	−3 246 598	−609
424	904	9 712	7 816	734
10 681	286	8 460	−92 054	45 182
375	5 701	−5 097	−561	3 854
2 032	678	476 138	085 263	−16 238
3 451	7 125	4 571	3 710	−705
849	432	89 643	694 179	414
432	11 687	1 305	−832 476	170 964
869	83 240	−7 035	8 902	−92 834

(2) 限时 10 分钟

①	②	③	④	⑤
762	875	2 625	740	843
6 301	32 917	163 706	8 725	92 306
52 896	7 607	6 247	32 428	364 917
－1 078	619	317	5 717	－5 034
425	920 647	23 576	-6 649	9 681
23 680	218	3 459	670 381	－487 120
－4 257	1 502	225	－8 593	60 359
706	421	79 106	－144	－46 703
7 293	330	596	5 032	92 865
674	9 474	6 282	7 806	4 517
－3 158	82 583	670	881	57 608
487	246	327	－328 759	980 571
-409	1 136	5 060	730	－72 345
3 239	108 249	70 432	9 648	123 478
－3 140	3 146	541	－636	－592

⑥	⑦	⑧	⑨	⑩
3 054	5 124	9 404	2 867	960
176	3 478	－1 389	541	8 251
91 422	46 135	521	9 625	6 793
67 058	619	－9 174	37 459	59 428
84 596	543	142 805	－3 598	－609
42 475	81 157	912	7 816	752
1 692	286	6 460	－32 054	65 182
374	5 701	－1 097	－57 387	3 284
281	678	6 138	85 263	－1 194
3 451	3 225	38 204	410	-705
8 490	91 432	643	69 479	4 167
217	17 687	305	－83 376	70 196
831 169	95 240	－70 486	902	－62 683

(3) 限时 10 分钟

①	②	③	④	⑤
11 962	135	1 625	240	943
173	34 567	813 326	3 725	55 216
596	2 603	9 217	32 208	64 917
2 078	819	618	517	−5 034
467	810 647	20 916	−9 259	681
80 680	915	3 549	580 381	−4 387
24 257	7 252	825	−8 193	308 359
776	631	764 106	−104	−15 946
17 293	910	528	15 032	13 865
614	9 074	6 142	7 236	5 317
5 158	71 583	3 470	181	9 217 608
9 107	958	328	−372 759	42 571
1 405	7 108	5 160	930	−702 345
239	608 649	12 432	7 248	123 478
24 140	4 152	541	−596	−1 092

⑥	⑦	⑧	⑨	⑩
684	5 184	40 256	1 350	961
763	10 428	−1 389	63 711	8 251
91 421	24 135	4 621	130 565	17 041
109 258	7 849	38 474	7 459	843 171
31 296	1 843	402 805	−3 598	−6 098
54 242	64 157	−90 712	7 817	734
1 068	294	4 460	−97 754	35 182
875	15 701	−145 097	−51 387	5 854
120	678 421	6 138	85 263	−167 954
14 511	47 125	38 571	710	−705
149	1 432	3 643	179	414
63 211	687	3 305	−8 476	170 961
834	83 240	−7 486	909	−92 675

(4) 限时 10 分钟

①	②	③	④	⑤
210	285	625	605	1 523
901	387	816	2 723	52 310
54 896	11 884	5 157	92 905	804 917
1 078	5 319	918	507	−511 034
425	20 647	40 576	−6 649	1 681
40 680	904	3 639	481 381	17 120
6 257	17 502	525	−6 693	18 359
306	621	148 106	−984	−151 703
37 293	730	643	75 031	13 245
654	11 674	6 982	8 406	6 317
7 158	2 583	270	621	657 608
982	976	307	−32 759	42 980
605	50 136	5 103	430	−2 345
1 239	28 249	36 432	9 298	23 478
13 140	2 152	608	−736	−592

⑥	⑦	⑧	⑨	⑩
2 101	12 157	9 401	67 150	11 961
76 288	474	−1 389	13 641	3 825
914	246 135	1 621	130 625	6 833
1 009	619	−369 174	137 459	59 328
84 243	529	142 545	−3 598	−608
424 120	4 157	81 712	7 101	73 142
1 068	11 286	8 380	−62 090	36 182
375	65 715	−1 197	−502 387	3 244
201 821	8 490	16 138	15 263	−167 494
3 451	27 122	204 571	710	−70 536
849	7 436	19 643	694	41 528
4 321	10 619	1 605	−8 475	682
10 183	540	−5 486	1 312	−983

（5）限时10分钟

①	②	③	④	⑤
962	813	925	644	1 243
7 301	14 907	4 706	1 655	52 306
596	2 604	218	52 901	364 917
2 078	309	1 918	507	−5 034
495	60 647	32 576	−5 259	681
680	618	3 289	540 381	−4 320
4 257	1 755	925	−8 603	408 359
1 706	421	48 106	−724	−15 946
7 293	2 830	593	532	865
656	474	4 482	3 406	317
25 158	52 583	978	981	91 508
1 987	146	2 228	−364 759	42 981
82 105	4 136	5 068	530	−12 345
239	8 249	432	1 248	3 478
140	258	309	−518	−592

⑥	⑦	⑧	⑨	⑩
2 055	6 124	9 456	54 350	96 170
7 641	12 478	−389	1 741	825 314
1 914	1 135	50 621	925	6 704
709	6 601	−9 174	37 459	594 317
4 531	50 841	142 805	−3 598	−601
34 292	14 157	93 106	7 816	735
1 068	1 286	1 460	−92 054	15 185
6 375	901	−1 625	-387	38 541
1 420	78 490	26 138	85 263	−167 2381
5 451	325	15 204	2 714	−708
1 249	432	89 693	64 170	413
321	687	305	−80 476	170 905
839	9 583	−75 486	502	−92 681

（6）限时 10 分钟

①	②	③	④	⑤
1 062	834	625	8230	343
7 254	40 917	816	1 875	32 306
50 896	3 604	11 247	30 518	833 917
378	309	318	917	−55 034
825	10 647	20 534	−4 259	9 001
23 680	912	289	4 704	−4 120
14 257	8 502	11 925	−443	359
706	921	8 106	−184	−1 703
7 293	860	593	85 032	3 865
604	41 674	9 482	6 406	317
4 158	32 583	570	641	57 608
907	906	628	−4 759	42 980
1 405	6 136	7 160	730	−70 345
239	249	70 432	9 254	23 478
145	369	639	−637	−692

⑥	⑦	⑧	⑨	⑩
621	1 124	256	286	965
1 765	2 478	−789	741	82 541
914	8 422	12 621	9 625	6 704
8 709	5 610	−3 174	37 459	5 317
84 503	12 843	67 805	−36 598	−696
420 275	904	92 712	7 804	731
268	286	4 460	−12 054	65 182
374	6 701	−14 097	-561	7 854
201	678	138	5 263	−167 238
3 451	327	571	710	−536
849	432	643	694	468
4 321	10 187	1 305	−8 476	170 964
831	240	35 486	702	−926

19. 三 ～ 一级加减练习

（1）限时 10 分钟

①	②	③	④	⑤
463 178	7 098	85 637 029	96.70	154.81
8 720 943	239 485	－60 253	625.14	86.03
5 837	80 321 657	2 946	1 704.93	914.61
78 214	6 812 406	64 021 785	194 318.28	1 704.58
20 134 695	87 643	6 238 507	－605.41	54 231.96
216 039	4 208	－602 384	93.52	142.75
54 873	127 146	7 491	45 152.08	168.95
6 715	50 178 923	－1 879 503	4 851.67	1 375.04
8 467 309	59 382	-450 139	－167 348.91	30.81
60 593	95 721	79 513 426	－605.34	3 471.69
29 684 057	7 306 514	54 019	71.28	247. 03
2 918	39 615 407	7 803	18 096.24	6 321.05
510 629	5 216 039	－689 714	－90 683.05	153.69
1 894 305	459 186	3 814 526	1 804.01	413.07
52 170 264	9 407	28 791	207.46	78 140.63

⑥	⑦	⑧	⑨	⑩
43 159.28	701 863.24	65 318 429	298.13	7 820 193
－160.84	29 475.18	1 367	65.79	279 534
24.09	694.03	－450 986	26 109.87	34 068
489 673.12	20.75	98 467	－6 730.21	67 045 732
－7 389.24	9 504.21	8 167 593	－8 915.04	1 097
－6 408.76	493 685.07	－538 106	132 450.69	120 985
209 831.65	32.84	4 529	－39 247.81	43 218
425.89	309.56	58 742	23.75	1 805
15.32	65 032.91	29 365 087	－462.98	5 629 478
－27 036.58	261 987.45	－1 429 506	845 603.27	92 381 659
－9 054.71	1 937.62	－39 075	－4 510.39	124 936
751.06	840.53	45 028 319	30 567.39	8 165 704
579 032.14	65 127.48	－304 172	658.74	46 075

（2）限时 10 分钟

①	②	③	④	⑤
596 043	6 209	93 620 148	72.48	8 295.07
7 602 981	189 456	－75 201	165.93	17.89
7 508	79 421 507	5 624	4 089.14	461 780.25
78 124	5 917 064	56 018 947	236 107.95	20 193.64
12 563 079	95 346	7 609 813	75 926.23	954.31
139 186	182 034	－130 547	8 407.16	5 370.18
43 807	52 701 869	7 295	75.82	46.35
5 639	37 483	－1 896 027	930 581.64	731 569.24
7 641 085	80 512	－645 382	936.07	4 785.62
72 498	6 415 206	81 206 473	63.95	48 067.39
31 465 207	38 509 417	40 328	56 204.37	603.12
3 924	7 032 168	5 986	9 021.81	90.84
605 481	564 382	－714 596	402 518.79	204 315.78
3 289 645	8 793	4 697 832	347.18	260.39
85 032 179	3 297	19 305	26 504.39	69 872.51

⑥	⑦	⑧	⑨	⑩
61 843	765 124	9 401 256	2 847 350	96.70
594 306	30 478	－70 389	23 741	825.14
80 364 517	8 246 135	53 621	730 625	6 704.93
－52 034	387 619	－389 174	61 837 459	594 317.28
9 621	52 843	67 142 805	－3 246 598	－609.41
－4 367 120	904 157	93 712	7 816	73.52
608 359	3 286	8 460	-92 054	45 182.09
－15 946 703	65 701	－1 635 097	-561 387	3 854.67
93 865	678 490	576 138	49 085 263	－167 238.94
4 317	327 125	68 204 571	3 710	－705.36
9 157 608	9 432	80 643	694 179	41.28
42 980 571	10 687	1 305	－832 476	17 096.82
－762 345	9583 240	－7 035 486	8 902	－92 683.75

（3）限时 10 分钟

①	②	③	④	⑤
962 457	805 692	439 625	697 840	17 843
7 301	34 917	59 813 706	1 725	952 306
17 524 896	39 812 604	39 247	56 132 908	80 634 917
82 078	4 319	8 317	6 517	－52 034
6 425	18 520 647	20 389 576	－6 259	9 681
12 374 680	12 918	53 289	25 470 381	－4 387 120
84 257	87 502	1 925	－8 693	608 359
9 706	8 421	23 748 106	－184	－15 496 703
40 817 293	7 830	7 593	85 032	93 865
3 674	29 674	96 482	7 406	4 317
－3 158	72 583	41 970	5 681	9 157 608
25 987	1 946	4 328	－324 759	42 980 571
－7 405	7 136	5 160	5 130	－762 345
16 239	51 608 249	76 432	79 560 243	6 123 478
－83 140	3 152	8 601	－48 536	－53 092

⑥	⑦	⑧	⑨	⑩
23 054.81	765 124	79 401 256	12 867 350	196.70
76.03	30 478	－7 389	53 741	825.14
814.67	18 246 135	350 621	930 625	6 704.93
6 709.58	7 619	－389 174	61 837 459	194 317.28
74 531.96	52 843	67 142 805	－3 246 598	－609.41
82.75	23 904 157	93 712	7 816	73.52
61 067.92	3 286	8 460	－92 054	45 182.09
675.04	65 701	－1 625 097	－561 387	3 854.67
20.81	678 490	476 138	49 085 263	－167 238.94
3 451.69	327 125	38 204 571	3 710	－705.36
649.30	9 432	89 643	694 179	41.28
4 321.57	10 687	1 305	－832 476	17 096.82
483.69	69 583 240	－7 035 486	8 902	－92 683.75

（4）限时 10 分钟

①	②	③	④	⑤
345 962	234 805	879 625	840 723	271 843
7 301	89 034 917	25 813 706	13 651 725	592 306
17 524 896	8 604	9 247 108	32 908	80 364 917
－19 078	319	18 254 679	6 517	－152 034
6 425	31 520 647	20 576	－6 259	9 681
32 470 680	6 918	3 289	25 470 381	－4 387 120
－41 257	187 502	6 925	－8 693	608 359
1 706	6 421	748 106	－9 184	－15 946 703
45 817 293	412 830	1 593	76 185 032	93 865
2 674	9 674	6 482	7 406	4 317
－3 158	94 172 583	45 970	2 681	9 157 608
643 987	5 946	9 328	－324 759	42 980 571
－83 405	17 136	70 325 160	9 130	－762 345
176 239	3 608 249	76 432	69 248	6 123 478
－83 140	3 152	54 601	－7 536	－5 092

⑥	⑦	⑧	⑨	⑩
92 054.81	765 124.93	7 401 256	867 350	32 196.70
76.03	30 478.56	－70 389	3 741	825.14
－8 914.67	846 135.27	510 621	12 930 625	16 704.93
6 709.58	7 619.35	－38 174	1 837 459	694 317.28
84 531.96	52 843.01	67 142 805	－3 246 598	－609.41
42.75	904 157.38	93 712	27 816	73.52
1 068.92	3 286.17	98 460	－192 054	345 182.09
－5 375.04	65 701.43	－1 425 097	－9 387	3 854.67
20.81	678 490.52	470 138	49 085 263	－167 238.94
3 451.69	327 125.64	98 204 571	3 710	－705.36
－5 849.30	9 432.05	29 643	25 694 179	841.28
4 321.57	10 687.92	81 305	－832 476	17 096.82
83.69	583 240.67	－7 035 486	48 902	－192 683.75

（5）限时 10 分钟

①	②	③	④	⑤
1 962	2 805	20 149 625	67 840	81 843
63 417 301	51 034 917	5 813 706	90 361 725	592 306
3 524 896	78 604	9 247	32 908	80 365 917
231 078	45 319	318	1 486 517	−72 034
68 425	34 520 647	43 120 576	−603 259	9 681
53 680	1 567 918	6 453 289	26 470 381	−6 387 120
4 257	67 502	5 925	−78 693	608 359
24 706	8 5 630 421	2 748 106	−6 184	−12 946 703
45 817 293	830	16 593	17 485 032	93 865
35 674	9 674	36 482	2 317 406	4 317
2 765 158	4 972 583	6 970	5 681	9 157 608
4 987	946	47 328	−6 324 759	42 980 571
89 712 405	7136	74 325 160	56 130	−762 345
6 239	75 608 249	76 432	359 248	6 123 478
2 563 140	3 152	5 489 601	−4 536	−5 092

⑥	⑦	⑧	⑨	⑩
596 043	3 520 647	25 470 381	50 178 923	6 704.93
7 602 981	6 918	−8 693	61 837 459	594 317.28
7 508	187 502	−184	−3 246 598	−609.41
78 124	6 421	67 142 805	−92 054	73.52
12 563 079	50 178 923	93 712	−561 387	84 531.96
45 817 293	59 382	8 460	49 085 263	42.75
35 674	95 721	−389 174	8 246 135	1 068.92
2 765 158	7 306 514	67 142 805	387 619	−5 375.04
4 987	39 615 407	93 712	52 843	20.81
89 034 917	5 216 039	8 460	904 157	41.28
8 604	89 034 917	−1 635 097	8 902	17 096.82
319	8 604	576 138	45 817 293	−92 683.75
1 520 647	319	−6 324 759	35 674	3 451.69

（6）限时 10 分钟

①	②	③	④	⑤
3 765 124	596 043	85 637 029	694 317.28	154.81
30 478	7 602 981	60 253	−609.41	86.03
78 246 135	7 508	2 946	73.52	914.61
7 619	78 124	64 021 785	345 182.09	1 704.58
52 843	12 563 079	6 238 507	3 854.67	54 231.96
3 904 157	139 186	602 384	−167 238.94	142.75
3 286	43 807	7 491	−705.36	168.95
65 701	127 146	1 925	−167 348.91	6 704.93
463 178	50 178 923	23 748 106	−605.34	194 317.28
18 720 943	59 382	7 593	71.28	609.41
5 837	95 721	96 482	18 096.24	73.52
78 214	7 306 514	41 970	−90 683.05	45 182.09
20 134 695	39 615 407	1 674 328	1 804.01	3 854.67
4 216 039	5 216 039	5 160	247.03	167 238.94
54 873	459 186	9 076 432	6 321.05	139 186.05

⑥	⑦	⑧	⑨	⑩
670 958	765 124	510 621	7 352	9 157 608
7 453 196	30 478	−38 174	345 18 209	42 980 571
8 275	8 246 135	67 142 805	3 85 467	−762 345
6 106 792	387 619	93 712	−167 23 894	6 123 478
−67 504	52 843	98 460	−70 536	−53 092
2 081	904 157	−1 425 097	17 485 032	7 352
345 169	328 617	470 138	2 317 406	45 18 209
−15 946 703	6 570 143	98 204 571	5 681	3 85 467
93 865	67 849 052	2 964	−6 324 759	−167 23 894
−4 317	32 712 564	1 635 097	56 130	−70 536
9 157 608	943 205	576 138	359 248	4 128
42 980 571	1 068 792	68 204 571	−832 476	1 709 682
−762 345	58 324 067	80 643	8 902	268 375

第 5 章 珠算乘法

【学习目标】

通过本章学习，了解珠算乘法原理和数的位数的概念；掌握珠算乘法的定位方法和省乘法的基本原理；掌握破头乘法和留头乘法；熟练掌握空盘前乘法的运算方法。

5.1 乘法口诀与数的位数

5.1.1 乘法口诀

要学好珠算乘法，必须熟记乘法口诀。乘法口诀分为小九九口诀和大九九口诀。小九九口诀共有 45 句，它的特点是小数在前、大数在后，如 3×6 和 2×8。大九九口诀共有 36 句，它的特点是大数在前，小数在后，如 7×5 和 9×3。乘法口诀如表 5-1 所示。

表 5-1

乘数＼被乘数	一	二	三	四	五	六	七	八	九
一	一一 01	二一 02	三一 03	四一 04	五一 05	六一 06	七一 07	八一 08	九一 09
二	一二 02	二二 04	三二 06	四二 08	五二 10	六二 12	七二 14	八二 16	九二 18
三	一三 03	二三 06	三三 09	四三 12	五三 15	六三 18	七三 21	八三 24	九三 27
四	一四 04	二四 08	三四 12	四四 16	五四 20	六四 24	七四 28	八四 32	九四 36
五	一五 05	二五 10	三五 15	四五 20	五五 25	六五 30	七五 35	八五 40	九五 45
六	一六 06	二六 12	三六 18	四六 24	五六 30	六六 36	七六 42	八六 48	九六 54
七	一七 07	二七 14	三七 21	四七 28	五七 35	六七 42	七七 49	八七 56	九七 63
八	一八 08	二八 16	三八 24	四八 32	五八 40	六八 48	七八 56	八八 64	九八 72
九	一九 09	二九 18	三九 27	四九 36	五九 45	六九 54	七九 63	八九 72	九九 81

在表 5-1 中每句口诀均由四个数组成：第一个汉字是乘数，第二个汉字是被乘数，后面的两个阿拉伯数字为积数。每句口诀的积数要用两位数表示，没有数的都要用 0 补齐。积数中的"0"也要占一档，如 1×5＝05，3×0＝00。

5.1.2 数的位数

在数学上数有整数、带小数和纯小数之分。在珠算计算中，由于算盘上没有固定的个位，又以空档表示零，所以在算盘上计算出的结果不能确定，只有通过定位才能确定该数的真正数值。要想学习定位方法，必须首先认识和掌握数的位数。数的位数分为正位数、零位数和负位数 3 种。

1. 正位数

凡是整数和带小数，在整数部分的称为正位数。有几个整数就是正几位，用"＋"表示，如 1 560 是正四位（＋4 位），500 是正三位（＋3 位），23.05 是正二位（＋2 位）。

2. 零位数

零位数属于纯小数，是指小数点后面到有效数字之间没有零间隔的数，即小数点右边接着就是有效数字的数，称为零位数，用"0"表示，如 0.56（0 位）、0.9808（0 位）。

3. 负位数

负位数属于纯小数，是指小数点后面到第一个有效数字之间有零间隔的数，称为负位数。间隔几个零，就是负几位，用"－"表示，如 0.0508 是负一位（－1 位），0.007 是负二位（－2 位），0.000306 是负三位（－3 位）。

5.2 积的定位方法

积的定位方法主要有两种，即固定个位档定位法和公式定位法。

1. 固定个位档定位法

固定个位档定位法是一种算前定位法。它是在算盘上先定出个位档，然后根据被乘数和乘数的位数，确定乘积或被乘数在盘上的档位，以得出积的位数。其定位规则如下：

（1）在计之前，先在算盘上选择一档为个位档（一般是算盘右边第二个记位点之前一档）。个位档（正一档）被选定后，个位档向左依次是正二档、正三档……；个位档向右依次为零位档、负一档、负二档、负三档……。具体档位如图 5-1 所示。

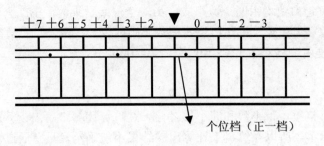

图 5-1

(2) 定好个位档后,确定被乘数位数加乘数位数的和,即 M+N。其中 M 代表被乘数的位数,N 代表乘数的位数。

(3) 在运算时,若采用空盘前乘法,则从第 M+N 档开始拨加第一个乘积的十位数;若采用破头乘法或留头乘法,则从算盘第 M+N 档开始,顺序拨入被乘数。

【例 5-1】 23×68=1 564

定位:由于 M 是+2 位, N 是+2 位,则 M+N=+4 位。

在运算时,若采用空盘前乘法,则从正四档开始拨加第一个乘积的十位数;若采用破头乘法或留头乘法,则从算盘正四位档开始,顺序拨入被乘数。

【例 5-2】 5.18×6.13=31.7534

定位:由于 M 是+1 位, N 是+1 位,则 M+N=+2 位。

在运算时,若采用空盘前乘法,则从正二档开始拨加第一个乘积的十位数;若采用破头乘法或留头乘法,则从算盘正二位档开始,顺序拨入被乘数。

【例 5-3】 38.5×0.00213=0.082005

定位:由于 M 是+2 位,N 是-2 位,则 M+N=0 位。

在运算时,若采用空盘前乘法,则从零位档开始拨加第一个乘积的十位数;若采用破头乘法或留头乘法,则从算盘零位档开始,顺序拨入被乘数。

2. 公式定位法

公式定位法是根据被乘数和乘数的位数来确定乘积位数的一种通用的定位方法。运用公式进行乘积定位,其定位公式有以下两种。

公式一:乘积的首位数字小于两因数的首位数字时,

积的位数=被乘数的位数(M)+ 乘数的位数(N)

公式二:乘积的首位数字大于两因数的首位数字时,

积的位数=被乘数的位数(M)+ 乘数的位数(N)-1

【例 5-4】 589×4.9＝2 886.1

定位：由于乘积的首位数字是 2，小于两因数的首位数字，因此选用公式一，即
积的位数＝被乘数的位数（M）＋乘数的位数（N）＝（＋3）＋（＋1）＝＋4 位

【例 5-5】 0.056×0.047＝0.002632

定位：由于乘积的首位数字是 2，小于两因数的首位数字，因此选用公式一，即
积的位数＝被乘数的位数（M）＋乘数的位数（N）＝（－1）＋（－1）＝－2 位

【例 5-6】 9.99×99.8＝997.002

定位：由于乘积的前两位数字与两因数相同，就需要比较乘积的第三位数字；乘积的第三位数字小于两因数的第三位数字，因此选用公式一，即
积的位数＝被乘数的位数（M）＋乘数的位数（N）＝（＋1）＋（＋2）＝＋3 位

【例 5-7】 128×3＝384

定位：由于乘积的首位数字是 3，大于两因数的首位数字，因此选用公式二，即
积的位数＝被乘数的位数（M）＋乘数的位数（N）－1＝＋3＋（＋1）－1＝＋3 位

【例 5-8】 12×15＝180

定位：由于乘积的首位数字与两因数的首位数字相同，就需要比较乘积的第二位数字；乘积的第二位数大于两因数的第二位数字，因此选用公式二，即
积的位数＝被乘数的位数（M）＋乘数的位数（N）－1＝（＋2）＋（＋2）－1＝＋3 位

5.3 空盘前乘法

空盘前乘法是指在运算时，不将被乘数和乘数拨在算盘上，而是直接将乘积拨入算盘的一种方法。"空盘"是指被乘数和乘数均不置在算盘上；"前乘"是指被乘数和乘数从高位乘起。

5.3.1 一位数空盘前乘法

1. 固定个位档定位的空盘前乘法

固定个位档定位的空盘前乘法的运算过程如下。
（1）采用固定个位档定位。
（2）在进行计算时，用乘数分别与被乘数的首位数、第二位数、第三位数……相乘，直至乘到末位数，并且边乘边将乘积依次错位叠加，即在前一次乘积的个位档上，加上本次乘积的十位数。

【例 5-9】　845×3＝2 535

其运算过程如下。

（1）在进行计算之前先定位：由于 M=+3 位，N=+1 位，则乘积的首位数入盘档位为：M+N=（+3）+（+1）=+4 位。

（2）在进行计算时，用乘数 3 去乘被乘数第一位数 8，口诀是"三八 24"；然后从算盘的正四档起拨入乘积 24，如图 5-2 所示。

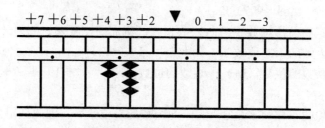

图 5-2

（3）用乘数 3 去乘被乘数第二位数 4，口诀是"三四 12"；然后从算盘的正三档起拨入乘积 12，得积数 252，如图 5-3 所示。

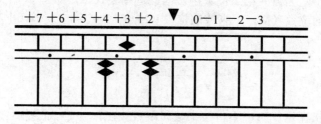

图 5-3

（4）用乘数 3 去乘被乘数第三位数 5，口诀是"三五 15"；然后从算盘的正二档起拨入乘积 15，得积数 2 535，即最终结果，如图 5-4 所示。

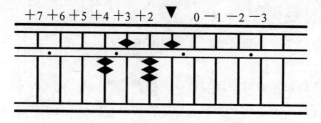

图 5-4

2. 公式定位法的空盘前乘法

公式定位法的空盘前乘法的运算过程如下。

(1) 选择算盘左边第一档为乘积最高档，或选择有明显标记的档位为乘积的最高档。

(2) 在进行计算时，先要眼看被乘数，默记乘数；然后用乘数分别与被乘数的首位数、第二位数、第三位数……相乘，直到乘到末位数，并且边乘边将乘积依次错位叠加，即在前一次乘积的个位档上，加上本次乘积的十位数。

(3) 采用公式定位法定位。

【例 5-10】　306×8＝2 448

其运算过程如下。

(1) 选择算盘左边第一档为乘积最高档。

(2) 在进行计算时，先眼看被乘数 306，默记乘数 8；然后用乘数 8 去乘被乘数的首位数 3，口诀是"八三 24"；最后从算盘左边第一档起拨入乘积 24，如图 5-5 所示。

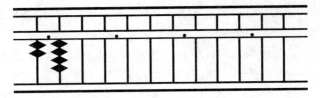

图 5-5

(3) 用乘数 8 去乘被乘数第二位数 0，结果为 00，即在第二档加"0"。

(4) 用乘数 8 去乘被乘数第三位数 6，口诀是"八六 48"；然后从算盘左边第三档起拨入乘积 48，得积数 2 448，如图 5-6 所示。

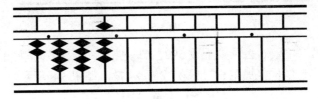

图 5-6

(5) 定位：由于乘积的首位数字是 2，小于两因数的首位数，因此选用公式一，即积的位数＝被乘数的位数（M）＋ 乘数的位数（N）＝（＋3）＋（＋1）＝＋4 位

(6) 结果为 2 448。

5.3.2 多位数空盘前乘法

1. 固定个位档定位的多位数空盘前乘法

固定个位档定位的多位数空盘前乘法运算过程如下。

(1) 采用固定个位档定位法定位。

(2) 在进行计算时,先用乘数的首位数分别与被乘数的首位数、第二位数、第三位数……相乘,直到乘到末位数,并且边乘边将乘积依次错位叠加;然后用乘数的第二位数依次与被乘数的各位数相乘,并且边乘边将乘积依次错位叠加,如此下去,直到乘数的末位数与被乘数的各位数乘完为止。每一轮首次相乘,都要用对位法确定积数档位,即用第几个乘数去乘,就在最高位后几档加上乘积的十位数。

【例 5-11】 $592 \times 164 = 97\,088$

其运算过程如下。

(1) 在进行计算之前先定位:由于 M=+3 位,N=+3 位,则乘积的首位数入盘档位为 M+N=(+3)+(+3)=+6 位。

(2) 在进行计算时,先用乘数的首位数 1 去乘被乘数 592,口诀是"一五 05"、"一九 09"、"一二 02";然后从算盘的正六档起错位叠加乘积,得积数为 592,如图 5-7 所示。

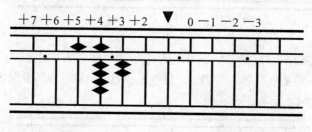

图 5-7

(3) 用乘数的第二位数 6 去乘被乘数 592,口诀是"六五 30"、"六九 54"、"六二 12";然后从算盘的正五档起错位叠加乘积,得积数为 9 472,如图 5-8 所示。

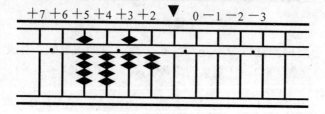

图 5-8

（4）用乘数的末位数 4 去乘被乘数 592，口诀是"四五 20"、"四九 36"、"四二 08"；然后从算盘的正四档起错位叠加乘积，得积数为 97 088，即最终结果，如图 5-9 所示。

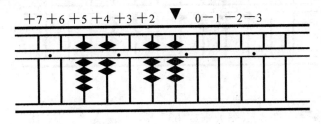

图 5-9

【例 5-12】　637.42×27.3＝17 401.566

其运算过程如下。

（1）在进行计算之前定位：由于 M＝＋3 位，N＝＋2 位，则乘积的首位数入盘档位为：M＋N＝（＋3）＋（＋2）＝＋5 位，即在算盘的正五档拨入被乘数与乘数的乘积（二六 12）的十位数"1"。

（2）在进行计算时，先用乘数的首位数 2 去乘被乘数 637.42，口诀是"二六 12"、"二三 06"、"二七 14"、"二四 08"、"二二 04"；然后从算盘的正五档起错位叠加乘积，得积数为 127 484，如图 5-10 所示。

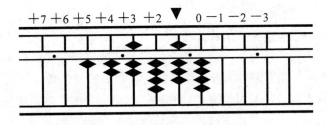

图 5-10

（3）用乘数的第二位数 7 去乘被乘数 637.42，口诀是"七六 42"、"七三 21"、"七七 49"、"七四 28"、"七二 14"；然后从算盘的正四档起错位叠加乘积，得积数为 1 721 034，如图 5-11 所示。

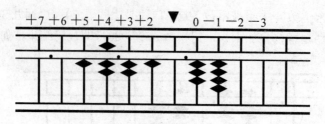

图 5-11

（4）用乘数的第三位数 3 去乘被乘数 637.42，口诀是"三六 18"、"三三 09"、"三七 21"、"三四 12"、"三二 06"；然后从算盘的正三档起错位叠加乘积，得积数为 17 401 566，即最终结果，如图 5-12 所示。

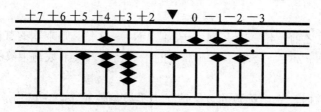

图 5-12

2. 公式定位的多位数空盘前乘法

公式定位的多位数空盘前乘法运算过程如下。

（1）选择算盘左边第一档为乘积最高档，或选择有明显标记的档位为乘积的最高档。

（2）在进行计算时，先用乘数的首位数分别与被乘数的首位数、第二位数、第三位数……相乘，直到乘到末位数，并且边乘边将乘积依次错位叠加；然后用乘数的第二位数依次与被乘数的各位数相乘，并且边乘边将乘积依次错位叠加，如此下去，直到乘数的末位数与被乘数的各位数乘完为止。每一轮首次相乘，都要用对位法确定积数档位，即用第几个乘数去乘，就在最高位后几档加上乘积的十位数。

（3）采用公式定位法定位。

【例 5-13】　39×74＝2 886

其运算过程如下。

（1）选择算盘左边第一档为乘积最高档。

（2）在进行计算时，先眼看被乘数 39，默记乘数 74；然后用乘数的首位数 7 去乘被乘数 39，口诀是"七三 21"、"七九 63"；最后从算盘左边第一档起错位叠加乘积，得积数为

273，如图 5-13 所示。

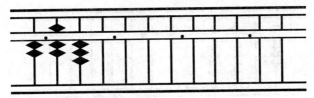

图 5-13

（3）用乘数的第二位数 4 去乘被乘数 39，口诀是"四三 12"、"四九 36"；然后从算盘左边第二档起错位叠加乘积，得积数为 2 886，如图 5-14 所示。

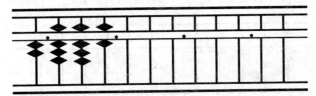

图 5-14

（4）定位：由于乘积的首位数字是 2，小于两因数的首位数，因此选用公式一，即积的位数＝被乘数的位数（M）＋ 乘数的位数（N）＝（＋2）＋（＋2）＝＋4 位

（5）结果为 2 886。

【例 5-14】　　835×972＝811 620

其运算过程如下。

（1）选择算盘左边第一档为乘积最高档。

（2）在进行计算时，先眼看被乘数 835，默记乘数 972；然后用乘数的首位数 9 去乘被乘数 835，口诀是"九八 72""、九三 27"、"九五 45"；最后从算盘左边第一档起错位叠加乘积，得积数为 7 515，如图 5-15 所示。

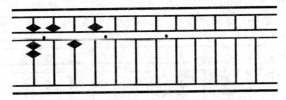

图 5-15

（3）用乘数的第二位数 7 去乘被乘数 835，口诀是"七八 56"、"七三 21"、"七五 35"；

然后从算盘左边第二档起错位叠加乘积,得积数为 80 995,如图 5-16 所示。

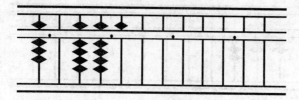

图 5-16

(4)用乘数的第三位数 2 去乘被乘数 835,口诀是"二八 16"、"二三 06"、"二五 10";然后从算盘左第三档起错位叠加乘积,得积数为 81 162,如图 5-17 所示。

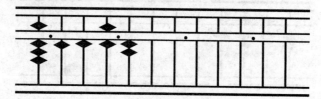

图 5-17

(5)定位:由于乘积的前两位数字是 81,小于两因数的前两位数,因此选用公式一,即

积的位数 = 被乘数的位数(M)+ 乘数的位数(N)=(+3)+(+3)= +6 位

(6)结果为 811 620。

【例 5-15】　　130 680×0.8035 = 105 001.38

在运算中,若遇到小数要视同整数运算。其运算过程如下。

(1)选择算盘左边第一档为乘积最高档。

(2)在进行计算时,先要眼看被乘数 130 680,默记乘数 8035;然后用乘数的首位数 8 去乘被乘数 130 680,口诀是"八一 08"、"八三 24"、"八零 00"、"八六 48"、"八八 64";最后从算盘左边第一档起错位叠加乘积,得积数为 104 544,如图 5-18 所示。

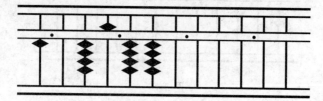

图 5-18

（3）用乘数的第二位数 0 去乘被乘数 130 680，结果为 00，即在第二档加"0"。

（4）用乘数的第三位数 3 去乘被乘数 130 680，口诀是"三一 03"、"三三 09"、"三零 00"、"三六 18"、"三八 24"；然后从算盘左边第三档起错位叠加乘积，得积数为 10 493 604。如图 5-19 所示。

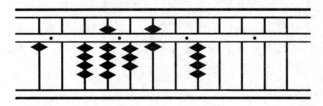

图 5-19

（5）用乘数的第四位数 5 去乘被乘数 130 680，口诀是"五一 05"、"五三 15"、"五零 00"、"五六 30"、"五八 40"；然后从算盘左边第四档起错位叠加乘积，得积数为 10 500 138，如图 5-20 所示。

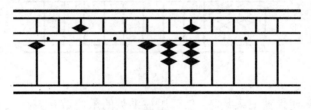

图 5-20

（6）定位：由于乘积的前两位数字是 10，小于两因数的前两位数，因此选用公式一，即

积的位数＝被乘数的位数（M）＋乘数的位数（N）＝（＋6）＋0＝＋6 位

（7）结果为 105 001.38。

5.4　破头乘法

破头乘法是指先将被乘数拨入算盘，然后从被乘数的末位数起，分别与乘数各位相乘，一开始时就破掉被乘数而改变被乘数本档算珠的一种方法。破头乘法分为隔位破头乘法和不隔位破头乘法。

1. 隔位破头乘法

隔位破头乘法运算过程如下：

（1）从算盘左边起第一档拨入被乘数。

（2）在进行运算时，默记乘数，然后从被乘数的末位数起，分别与乘数的首位数、第二位数、第三位数……相乘，直至乘到末位数，并且边乘边将乘积依次错位叠加，即将乘得的第一位积数的十位数拨在被乘数中被乘的那个数的后一档，个位数拨在下一档，乘完本轮积后再将被乘的那个数拨去，使其成为空档。

（3）采用公式定位法定位。

【例 5-16】　639×7＝4 473

其运算过程如下。

（1）从算盘左边起第一档拨入被乘数 639，如图 5-21 所示。

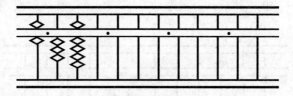

图 5-21

（2）在进行计算时，默记乘数 7，然后用被乘数的末位数 9 去乘乘数 7，口诀是"九七63"，即从被乘数的末位数 9 的后边第一档拨入积数 63，最后拨去 9，如图 5-21 所示。

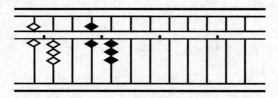

图 5-22

（3）用被乘数的倒数第二位数 3 去乘乘数 7，口诀是"三七 21"，即从被乘数的倒数第二位数 3 的后边第一档起错位叠加乘积 21，得积数为 273，然后去掉 3，如图 5-23 所示。

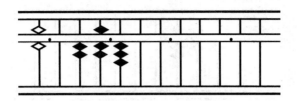

图 5-23

（4）用被乘数的首位数 6 去乘乘数 7，口诀是"六七 42"，即从被乘数的首位数 6 的后边第一档起错位叠加乘积 42，得积数为 4 473，然后去掉 6，如图 5-24 所示。

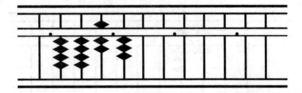

图 5-24

（5）定位：由于乘积的首位数是 4，小于两因数的首位数，因此选用公式一，即
积的位数＝被乘数的位数（M）＋ 乘数的位数（N）＝（＋3）＋（＋1）＝＋4 位
（6）结果为 4 473

【例 5-17】　56×28＝1 568
其运算过程如下。
（1）从算盘左边起第一档拨入被乘数 56，如图 5-25 所示。

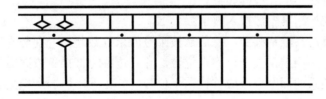

图 5-25

（2）在进行计算时，默记乘数 28，然后用被乘数的末位数 6 去乘乘数 28，口诀是"六二 12"、"六八 48"，即从被乘数的末位数 6 后边第一档起错位叠加乘积，得积数为 168，最后拨去 6，如图 5-26 所示。

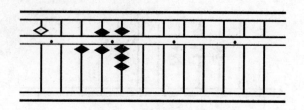

图 5-26

（3）用被乘数的首位数 5 去乘乘数 28，口诀是"五二 10"、"五八 40"，即从被乘数的首位数 5 的后边第一档起错位叠加乘积，得积数 1 568，然后拨去 5，如图 5-27 所示。

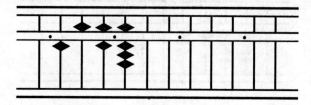

图 5-27

（4）定位：由于乘积的首位数是 1，小于两因数的首位数，因此选用公式一，即
积的位数＝被乘数的位数（M）＋ 乘数的位数（N）＝（＋2）＋（＋2）＝＋4 位
（5）结果为 1 568。

2. 不隔位破头乘法

不隔位破头乘法的运算过程如下。

（1）从算盘左边起第一档拨入被乘数。

（2）进行运算时，默记乘数，然后从被乘数的末位数起，分别与乘数的首位数、第二位数、第三位数……相乘，直至乘到末位数，并且边乘边将乘积依次错位叠加，即每乘一位就把被乘数中被乘的那个数改成首积的十位数，并在下一档加上积数的个位数；如果积数是"0"，先将乘数本档改成"0"，拨去本档数，然后在下一档加上积的个位数。

（3）采用公式定位法定位。

【例 5-18】 486×738＝358 668

其运算过程如下。

（1）从算盘左边起第一档拨入被乘数 486，如图 5-28 所示。

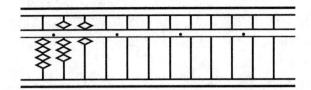

图 5-28

（2）用被乘数的末位数 6 去乘乘数 738，口诀是"六七 42"、"六三 18"、"六八 48"；然后将被乘数的末位数 6 改成首积的十位数"4"，并在下一档加上积数的个位数"2"，依次错位叠加乘积，得积数为 4 428，如图 5-29 所示。

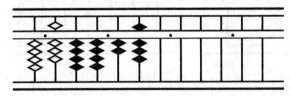

图 5-29

（3）用被乘数的倒数第二位数 8 去乘乘数 738，口诀是"八七 56"、"八三 24"、"八八 64"；然后将被乘数的倒数第二位数 8 改成首积的十位数"5"，并在下一档加上积数的个位数"6"，依次错位叠加乘积，得积数为 63 468，如图 5-30 所示。

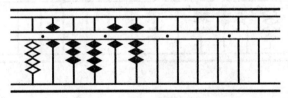

图 5-30

（4）用被乘数的首位数 4 去乘乘数 738，口诀是"四七 28"、"四三 12"、"四八 32"；然后将被乘数的首位数 4 改成首积的十位数"2"，并在下一档加上积数的个位数"8"，依次错位叠加乘积，得积数为 358 668，如图 5-31 所示。

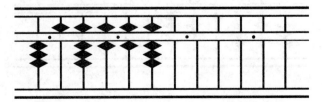

图 5-31

（5）定位：由于乘积的首位数是 3，小于两因数的首位数，因此选用公式一，即积的位数＝被乘数的位数（M）＋乘数的位数（N）＝（＋3）＋（＋3）＝＋6 位
（6）结果为 358 668。

【例 5-19】　97.6×3.84＝374.784

在运算中，若遇到小数要视同整数运算。其运算过程如下。

（1）从算盘左边起第一档拨入被乘数 976，如图 5-32 所示。

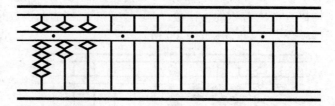

图 5-32

（2）用被乘数的末位数 6 去乘乘数 384，口诀是"六三 18"、"六八 48"、"六四 24"；然后将被乘数末位数 6 改成首积的十位数"1"，并在下一档加上积数的个位数"8"，依次错位叠加乘积，得积数为 2 304，如图 5-33 所示。

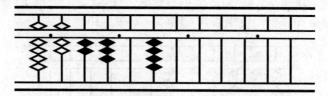

图 5-33

（3）用被乘数的倒数第二位数 7 去乘乘数 384，口诀是"七三 21"、"七八 56"、"七四 28"；然后将被乘数的倒数第二位数 7 改成首积的十位数"2"，并在下一档加上积数的个位数"1"，依次错位叠加乘积，得积数为 29 184，如图 5-34 所示。

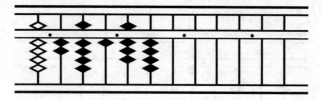

图 5-34

（4）用被乘数的首位数 9 去乘乘数 384，口诀是"九三 27"、"九八 72"、"九四 36"；然后将被乘数的首位数 9 改成首积的十位数"2"，并在下一档加上积数的个位数"7"，依次错位叠加乘积，得积数为 374 784，如图 5-35 所示。

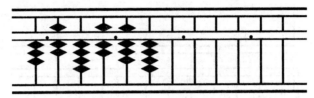

图 5-35

（5）定位：由于乘积的前两位数是 37，小于两因数的前两位数，因此选用公式一，即积的位数＝被乘数的位数（M）＋乘数的位数（N）＝（＋2）＋（＋1）＝＋3 位
（6）结果为 374.784。

从例 5-16 至例 5-19 可以看出，不隔位破头乘法与隔位破头乘法乘积的档位相差一位。不隔位破头乘法在乘的开始就破去本位，因此在乘的过程中需记住这个数字，但容易造成遗忘；而隔位破头乘法却克服了这个弱点，但又增加了拨珠次数，影响了运算速度。

5.5 省乘法

省乘法又称省略乘法，是根据近似计算的原理，在做多位小数乘法时，为了省略计算过程，把计算截止在压尾档（要求保留的小数位数的右边第二档）的前一档，并对乘积的尾数加以适当处理，以提高计算效率的一种方法。

省乘法的运算过程如下。
（1）在盘上固定个位档，确定小数点。
（2）定好个位档后，确定被乘数的首位数与乘数的首位数乘积的十位数的入盘档位，即入盘档位＝被乘数的位数＋乘数的位数＝M＋N。
（3）当采用空盘前乘法运算时，乘积只加到压尾档前一档为止，凡落在压尾档及后面各档的积数，一律舍弃不用乘。
（4）运算完成后，再按精度确定结果。
【例 5-20】　53.75×4.871＝261.82（精确到 0.01）
其运算过程如下。
（1）在进行计算之前先定位，由于 M＝＋2 位，N＝＋1 位，则乘积的首位数入盘档位为 M+N=(+2)+(+1)=+3 位。

(2) 在进行计算时,先用乘数的首位数 4 去乘被乘数 5375,口诀是"四五 20"、"四三 12"、"四七 28"、"四五 20";然后从算盘的正三档起错位叠加乘积,得积数为 215,如图 5-36 所示。

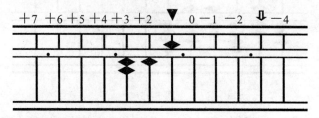

图 5-36

(3) 用乘数的第二位数 8 去乘被乘数 5375,口诀是"八五 40"、"八三 24"、"八七 56"、"八五 40";然后从算盘的正二档起错位叠加乘积,得积数为 258,如图 5-37 所示。

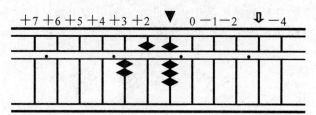

图 5-37

(4) 用乘数的第三位数 7 去乘被乘数 5 375,口诀是"七五 35"、"七三 21"、"七七 49"、"七五 35";然后从算盘的正一档起错位叠加乘积,在运算过程中乘数的第三位数 7 与被乘数的末位数 5 相乘(七五 35),其乘积的个位数"5"落在了压尾档上,此时要对"5"进行四舍五入处理,得积数为 261 763,如图 5-38 所示。

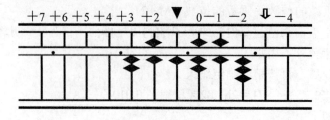

图 5-38

（5）用乘数的第四位数 1 去乘被乘数 5 375，口诀是"一五 05"、"一三 03"；然后从算盘的零位档起错位叠加乘积，在运算过程中乘数的第四位数 1 与被乘数的第三位数 7（一七 07）相乘，其乘积的个位数"7"落在了压尾档上，此时要对"7"进行四舍五入处理，以后乘数不再运算，得积数为 261 817，如图 5-39 所示。

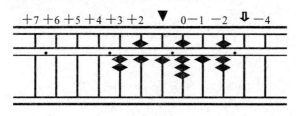

图 5-39

（6）运算完成后，再按精度确定结果得积 261.82，如图 5-40 所示。

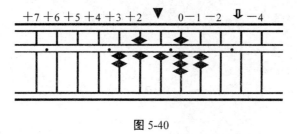

图 5-40

思考与练习

一、思考题

1．珠算中数的位数可分为哪几种情况？
2．什么是固定个位档定位法和公式定位法？
3．什么是空盘前乘法？如何进行运算？
4．什么是破头乘法？如何进行运算？
5．什么是省乘法？如何进行运算？

二、练习题

1．指出下列各数的位数

（1）513（   ）
（2）0.951（   ）

(3) 0.063（　　　）
(4) 7.805（　　　）
(5) 45.72（　　　）
(6) 67 005（　　　）
(7) 0.001 86（　　　）
(8) 37 902（　　　）
(9) 0.003 73（　　　）
(10) 0.456（　　　）

2. 根据下列括号内指出的位数，确定下列各数的数值

(1) 34 876（正三位）（　　　）
(2) 364（负三位）（　　　）
(3) 768（负二位）（　　　）
(4) 6 378（负三位）（　　　）
(5) 379（零位）（　　　）
(6) 274（正五位）（　　　）
(7) 384（负一位）（　　　）
(8) 7 005（零位）（　　　）
(9) 76（正五位）（　　　）
(10) 0.456（负三位）（　　　）

3. 用一位数空盘前乘法计算下列各题

(1) 174×6＝
(2) 2 849×6＝
(3) 6 383×3＝
(4) 4 059×8＝
(5) 2 849×4＝
(6) 40 006×6＝
(7) 78×8＝
(8) 94 768×9＝
(9) 103×8＝
(10) 35 794×5＝
(11) 483 949×9＝
(12) 1 900×6＝
(13) 63 849×4＝
(14) 37 279×7＝
(15) 385×3＝

（16）50 906×8＝

（17）40 004×8＝

（18）309 005×8＝

（19）2 380×2＝

（20）6 503 680×4＝

4．用多位数空盘前乘法计算下列各题

（1）2 600×1 650＝

（2）0.1048×0.00105＝

（3）354×123＝

（4）7 060.26×0.03708＝

（5）68 944×4 007＝

（6）573×5 920＝

（7）3 460×1 584＝

（8）776×3 975＝

（9）0.539×25.64＝

（10）12.31×8 090＝

（11）4 380×0.054＝

（12）642×5 940＝

（13）10 403×50 204＝

（14）0.638×395＝

（15）70.24×0.00385＝

（16）269 467×46.68＝

（17）3683.26×700.37＝

（18）88.46×0.361＝

（19）4030.63×100.26＝

（20）648.97×0.0385＝

5．用破头乘法计算下列各题

（1）3 700×4 380＝

（2）987×123＝

（3）43 124×2 003＝

（4）7 890×2 486＝

（5）0.376×25.46＝

（6）3 780×0.0566＝

(7) 30 806×20 307＝
(8) 40.78×0.00264＝
(9) 7 864.26×300.76＝
(10) 40 067×2 708＝
(11) 0.9214×19＝
(12) 32 980×0.00002＝
(13) 608×745＝
(14) 9 850×60.85＝
(15) 6 075×2 164＝
(16) 7 213×3 197＝
(17) 5 381×0.00526＝
(18) 9 548×6 839＝
(19) 7 413×0.94＝
(20) 9 4637×57＝

6. 用省乘法计算下列各题（精确到 0.01）

(1) 4 567.46×758.63＝
(2) 63.764×2.742＝
(3) 36.5327×0.06357＝
(4) 64.3657×0.7463＝
(5) 53.5857×9.753＝
(6) 54 643×0.7548＝
(7) 36.76845×0.6638＝
(8) 0.1064367×34.145＝
(9) 6.7005×0.053736＝
(10) 636 834×0.010535＝
(11) 60.86437×34.758＝
(12) 0.6588×58.67385＝
(13) 78.006×1.75006＝
(14) 63.683×5.0753＝
(15) 58.54×755.80054＝
(16) 17.664×5.00476＝
(17) 56.27417×3.0775＝
(18) 14.4865×95.58＝
(19) 0.6528×18.754＝
(20) 58.021×0.643＝

7. 六 ～ 四级乘法练习（限时 10 分钟，小数题要求保留两位，以下四舍五入）

(1)		(2)	
①	71×6 905=	①	26×1 374=
②	32×1 478=	②	48×2 605=
③	47×2 103=	③	17×8 429=
④	52×4 926=	④	29×1 085=
⑤	34×2 857=	⑤	53×6 079=
⑥	69×7 108=	⑥	35×7 168=
⑦	1 708×26=	⑦	1 976×54=
⑧	9 601×85=	⑧	4 081×92=
⑨	5 268×43=	⑨	2 748×31=
⑩	3 874×15=	⑩	3 506×24=
⑪	1 509×26=	⑪	2 903×45=
⑫	4 825×78=	⑫	7 621×89=
⑬	609×384=	⑬	416×703=
⑭	354×126=	⑭	835×471=
⑮	709×538=	⑮	409×234=
⑯	162×407=	⑯	518×69=
⑰	0.138×2 904=	⑰	709×1.284=
⑱	48.9×13.65=	⑱	0.265×3 078=
⑲	376.2×8.01=	⑲	973.8×40.56=
⑳	43.01×27.9=	⑳	1 402×0 936=

（续表）

	（3）		（4）
①	39×7 248=	①	98×1 307=
②	68×3 057=	②	74×6 538=
③	14×5 762=	③	15×4 129=
④	52×4 306=	④	36×9 572=
⑤	47×6 091=	⑤	27×5 194=
⑥	23×1 649=	⑥	61×1 385=
⑦	9 075×62=	⑦	4 938×27=
⑧	8 124×35=	⑧	5 902×38=
⑨	2 047×18=	⑨	3 487×26=
⑩	1 746×83=	⑩	8 064×75=
⑪	9 635×17=	⑪	5 741×86=
⑫	3 906×25=	⑫	6 239×14=
⑬	873×562=	⑬	751×689=
⑭	504×187=	⑭	318×206=
⑮	279×308=	⑮	409×157=
⑯	734×962=	⑯	982×364=
⑰	5.96×372.1=	⑰	7.63×890.2=
⑱	37.8×10.94=	⑱	14.8×32.79=
⑲	649.3×7.25=	⑲	0.762×917=
⑳	20.87×35.6=	⑳	2 059×0.376=

(续表)

(5)		(6)	
①	19×8 304=	①	84×3 072=
②	28×7 215=	②	59×6 142=
③	37×1 678=	③	27×1 094=
④	46×5 073=	④	93×8 527=
⑤	54×3 962=	⑤	65×9 283=
⑥	35×2 478=	⑥	14×5 306=
⑦	9 607×58=	⑦	7 051×48=
⑧	8 514×69=	⑧	3 417×29=
⑨	4 237×15=	⑨	1 928×29=
⑩	7 083×92=	⑩	8 296×35=
⑪	6 592×47=	⑪	5 307×46=
⑫	1 357×26=	⑫	2 439×87=
⑬	976×814=	⑬	357×941=
⑭	602×135=	⑭	106×825=
⑮	193×478=	⑮	475×209=
⑯	825×936=	⑯	297×438=
⑰	9.56×204.3=	⑰	9.17×650.4=
⑱	17.4×56.28=	⑱	13.6×1.89=
⑲	480.1×7.39=	⑲	675.3×1.89=
⑳	28.16×30.7=	⑳	40.96×23.4=

8. 三～一级乘法练习 （限时10分钟，小数题要求保留两位，以下四舍五入）

（1）	（2）
① 4 763×1 058=	① 5 874×2 169=
② 2 907×3 146=	② 3 108×4 275=
③ 5 862×9 017=	③ 6 937×8 012=
④ 9 401×5 238=	④ 4 651×2 309=
⑤ 2 379×4 685=	⑤ 3 048×9 657=
⑥ 6 285×1 347=	⑥ 7 963×2 485=
⑦ 9 024×5 761=	⑦ 3 051×6 872=
⑧ 3 819×2 456=	⑧ 4 902×2 786=
⑨ 1 067×8 392=	⑨ 2 178×9 403=
⑩ 4 385×6 087=	⑩ 5 469×7 138=
⑪ 308.6×57.91=	⑪ 41.97×602.8=
⑫ 46.51×982.3=	⑫ 275.6×93.04=
⑬ 1 297.3×45.86=	⑬ 230.84×576.9=
⑭ 81.96×2 304.7=	⑭ 192.7×350.58=
⑮ 6 201.9×34.75=	⑮ 212.36×408.7=
⑯ 91.04×7 582.6=	⑯ 105.2×739.68=
⑰ 1 856.2×37.04=	⑰ 653.29×148.7=
⑱ 96.83×7 041.5=	⑱ 409.7×215.68=
⑲ 3 480.9×25.67=	⑲ 145.09×368.7=
⑳ 59.72×1 408.3=	⑳ 364.8×190.52=

（续表）

	(3)		(4)
①	5 286×7 093=	①	7 346×5 081=
②	2 419×3 568=	②	2 097×1 643=
③	8 074×9 132=	③	8 562×7 019=
④	5 762×1 043=	④	4 091×8 235=
⑤	9 415×6 807=	⑤	9 372×5 486=
⑥	8 074×5 396=	⑥	2 586×1 743=
⑦	1 426×3 879=	⑦	4 029×6 517=
⑧	5 013×9 387=	⑧	1 983×2 654=
⑨	8 329×5 014=	⑨	7 601×3 928=
⑩	6 057×8 249=	⑩	5 384×9 607=
⑪	508.2×71.93=	⑪	86.03×175.9=
⑫	87.36×105.4=	⑫	251.4×96.83=
⑬	1 354.9×60.78=	⑬	137.29×546.8=
⑭	20.83×1 564.9=	⑭	691.8×730.24=
⑮	3 248.7×91.56=	⑮	261.09×375.4=
⑯	13.62×4 079.8=	⑯	104.9×257.68=
⑰	3 048.7×25.69=	⑰	681.52×407.3=
⑱	18.02×6 957.3=	⑱	398.6×140.57=
⑲	6 520.4×79.18=	⑲	940.83×672.5=
⑳	47.59×6 103..2=	⑳	257.9×418.03=

(5)		(6)	
①	6 079×8 314=	①	7 108×9 425=
②	5 326×4 097=	②	6 473×1 058=
③	1 895×3 426=	③	2 096×4 537=
④	7 324×1 058=	④	8 435×1 629=
⑤	2 605×8 719=	⑤	3 176×9 208=
⑥	1 598×4 076=	⑥	2 609×5 817=
⑦	2 357×9 804=	⑦	4 386×1 905=
⑧	1 246×5 987=	⑧	7 523×6 098=
⑨	4 309×6 215=	⑨	5 401×7 326=
⑩	2 093×1 768=	⑩	1 284×3 097=
⑪	691.3×40.82=	⑪	70.42×519.3=
⑫	58.47×291.6=	⑫	695.8×30.27=
⑬	4 602.5×87.91=	⑬	5 173.6×98.02=
⑭	14.29×3 506.7=	⑭	20.37×4 165.8=
⑮	3 294.2×60.78=	⑮	4 305.6×17.89=
⑯	47.23×1 980.5=	⑯	58.34×6 091.2=
⑰	1 458.9×36.07=	⑰	2 059.6×41.87=
⑱	62.41×9 073.8=	⑱	73.25×8 014.9=
⑲	7 312.6×85.09=	⑲	3 487.2×91.06=
⑳	58.07×2 473.1=	⑳	18.69×3 584.2=

（续表）

第6章 珠算除法

【学习目标】

通过本章学习，了解珠算除法的运算原理，掌握商的定位方法和省除法的运算方法，重点掌握商除法的运算方法。

6.1 商的定位方法

1. 固定个位档定位法

固定个位档定位法又叫算前定点定位法。在运算前先在算盘上确定个位档，然后将被除数拨在算盘上，计算完成后商的个位数正好落在个位档上。其具体步骤如下。

（1）在计算之前，先在算盘上选择一个档为个位档（一般是算盘右边第二个记位点之前的一档），用"▼"表示。

（2）定好个位档后，根据不同的商除法选择定位公式，来确定被除数首位档。一般用 M 代表被除数的位数，N 代表除数的位数。其定位公式有以下两种。

公式一：被除数首位档＝被除数的位数－除数的位数，即 M－N（适用于不隔位商除法）。

公式二：被除数首位档＝被除数的位数－除数的位数－1，即 M－N－1（适用于隔位商除法）。

2. 公式定位法

公式定位法是根据被除数和除数的位数，以及两个首数的的大小，用一定的公式来确定商的位数的方法。其定位公式有以下两种。

公式一：商的位数＝被除数的位数－除数的位数，即 M－N。

公式二：商的位数＝被除数的位数－除数的位数＋1，即 M－N＋1。

在运算时，根据商的位数与被除数、除数的位数之间的一定规律，运用被除数、除数两个首数的对比法，来判断具体适用的定位公式。

（1）头小位相减

所谓"头小位相减"是指当被除数的首位数小于除数的首位数（亦称"不够除"）时，商的位数等于被除数位数减去除数的位数。此时应选用公式定位法中的公式一来确定商的位数。

【例 6-1】　130 284÷987＝132

定位：由于 M 为＋6 位，N 为＋3 位，则商的位数＝M－N＝＋3 位。

【例 6-2】　375.2÷0.70＝536

定位：由于 M 为＋3 位，N 为 0 位，则商的位数＝M－N＝＋3 位。

【例 6-3】　86.52÷0.09＝961.33（保留两位小数）

定位：由于 M 为＋2 位，N 为－1 位，则商的位数＝M－N＝＋3 位。

【例 6-4】　36 860÷76＝485

定位：由于 M 为＋5 位，N 为＋2 位，则商的位数＝M－N＝＋3 位。

（2）头大再加 1

所谓"头大再加 1"是指当被除数的首位数大于除数的首位数（亦称够除）时，商的位数等于被除数位数减去除数位数再加 1。此时应选用公式定位法中的公式二来确定商的位数。

【例 6-5】　56.7÷27＝2.1

定位：由于 M 为＋2 位，N 为＋2 位，则商的位数＝M－N＋1＝＋1 位。

【例 6-6】　0.918÷6.12＝0.15

定位：由于 M 为 0 位，N 为＋1 位，则商的位数＝M－N＋1＝0 位。

【例 6-7】　832÷0.026＝32 000

定位：由于 M 为＋3 位，N 为－1 位，则商的位数＝M－N＋1＝＋5 位。

【例 6-8】　678.4÷0.32＝2 120

定位：由于 M 为＋3 位，N 为 0 位，则商的位数＝M－N＋1＝＋4 位。

当被除数和除数的最高位相同时，就要比较它们的次高位，如果次高位相同依次比较第三位；如果被除数和除数相应数字完全相同，则选用公式定位法中的公式二来确定商的位数。

【例 6-9】　486.57÷0.48657＝1 000

定位：由于 M 为＋3 位，N 为 0 位，则商的位数＝M－N＋1＝＋4 位

6.2 商 除 法

珠算商除法的运算原理与笔算除法基本相同，珠算商除法没有特殊的口诀，只是用乘法口诀进行求商。商除法按置商的位置不同，分为隔位商除法和不隔位商除法两种。

6.2.1 隔位商除法

隔位商除法是指将商数置于被除数左边的第二档或第一档的一种方法。其置商的规则是"够除隔位商，不够除挨位商"。

其中"够除"是指被除数的首位数大于或等于除数的首位数；"不够除"是指被除数的首位数小于除数的首位数；"隔位商"是指商数置于被除数左边的第二档；"挨位商"是指商数置于被除数左边的第一档。

1. 一位数隔位商除法

一位数隔位商除法的运算过程如下。

（1）将被除数拨在算盘上。若采用固定个位档定位法确定被除数的位置，则利用定位公式来确定；若采用公式定位法确定被除数的位置，则从算盘的左边第三档起拨被除数。

（2）在进行计算时，先从被除数首位起，按大九九口诀，看被除数首位数含几个除数就商几，并根据"够除隔位商，不够除挨位商"的规则将商数拨在算盘上，默记除数；然后从被除数中，逐位减去商数与除数的乘积，其减积的档位顺序为：乘积的十位数在商的右一档上减，乘积的个位数在十位数的下一档上减，由高位到低位，依次计算。

（3）采用公式定位法定位（若采用固定个位档定位法就不需要再定位）。

【例 6-10】 $584 \div 4 = 146$

其运算过程如下。

（1）将被除数拨在算盘上。若采用固定个位档定位法中的公式二来确定被除数的位置，则被除数首位档＝被除数的位数－除数的位数－1＝M－N－1＝（＋3）－（＋1）－1＝＋1 位，然后从算盘的正一档起依次拨入 584，默记除数 4，如图 6-1 所示。

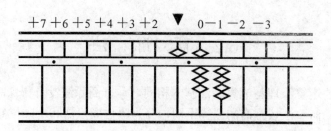

图 6-1

（2）在进行计算时，由于被除数 584 的首位数 5 大于除数 4，则运用"够除隔位商"的规则试商，即在算盘的正三档置商数 1。然后用商数 1 乘以除数 4，口诀是"一四 04"，再将乘积 04 从正二档起逐位减去，余数为 184，如图 6-2 所示。

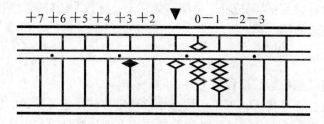

图 6-2

（3）求次商。由于余数 184 的首位数 1 小于除数 4，则运用"不够除挨位商"的规则试商，即用余数 18 与除数 4 比较，试商为 4，应在算盘的正二档置商数 4。然后用商数 4 乘以除数 4，口诀是"四四 16"，再将乘积 16 从正一档起逐位减去，余数为 24，如图 6-3 所示。

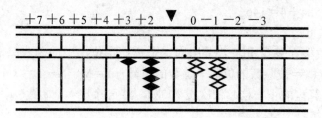

图 6-3

（4）求三商。由于余数 24 的首位数 2 小于除数 4，则运用"不够除挨位商"的规则试商，即用余数 24 与除数 4 比较，试商为 6，应在算盘的正一档置商数 6。然后用商数 6 乘以除数 4，口诀是"六四 24"，再将乘积 24 从零位档起逐位减去，余数为 0，如图 6-4 所示。

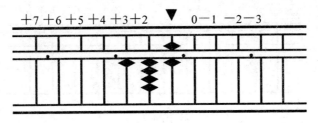

图 6-4

（5）结果为 146。

【例 6-11】 728÷8＝91

其运算过程如下。

（1）将被除数拨在算盘上。若采用公式定位法来确定被除数的位置，则从算盘的左边第三挡起拨被除数 728，默记除数 8，如图 6-5 所示。

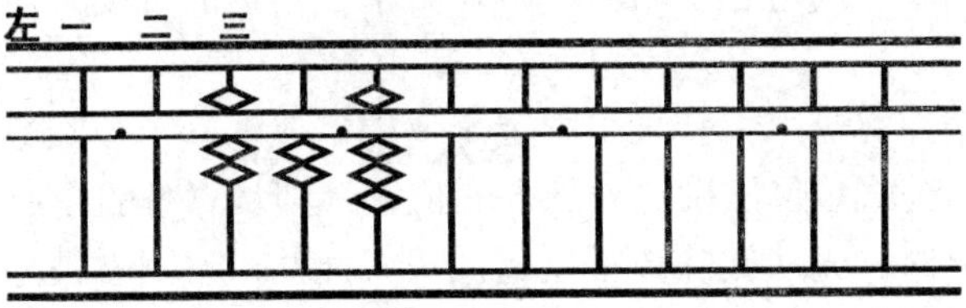

图 6-5

（2）在进行计算时，由于被除数 728 的首位数 7 小于除数 8，则运用"不够除挨位商"的规则试商，即在算盘的左二档置商数 9。然后用商数 9 乘以除数 8，口诀是"九八 72"，再将乘积 72 从商数 9 的右一挡起逐位减去，余数为 8，如图 6-6 所示。

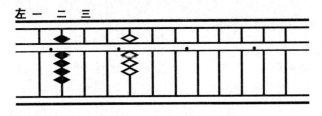

图 6-6

（3）求次商。由于余数 8 的首位数等于除数 8，则运用"够除隔位商"的规则试商，即在算盘的左三档置商数 1。然后用商数 1 乘以除数 8，口诀是"一八 08"，再将乘积 08

从商数 1 右一档起减去，余数为 0，如图 6-7 所示。

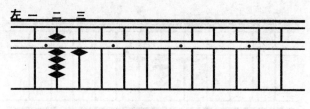

图 6-7

（4）定位：由于被除数的首位数 7 小于除数的首位数 8，则运用"头小位相减"，即选用公式定位法中的公式一：商位数＝M－N＝（＋3）－（＋1）＝＋2 位。

（5）结果为 91。

2. 多位数隔位除法

多位数商除法的运算过程与一位数商除法大同小异，不同的只是除数的位数增加后，试商的次数也相应增加，同时也给估商、减积带来了一定的难度。多位数隔位除法的运算过程如下。

（1）将被除数拨在算盘上。若采用固定个位档定位法确定被除数的位置，则利用定位公式来确定；若采用公式定位法确定被除数的位置，则从算盘的左边第三档起拨被除数。

（2）在进行计算时，先从被除数首位起，按大九九口诀，看被除数首位数含几个除数就商几，并根据"够除隔位商，不够除挨位商"的规则将商数拨在算盘上，默记除数；然后从被除数中减去商数与除数各位数字的乘积，边乘边从被除数中减去积数。如果还有余数再除第二次、第三次……有几次余数就要除几次，直到除尽或计算到所要求的精确度为止。每一次除减积的顺序都是从商数右边第一档起减首积的十位数，然后逐位向右移档错位连减乘积。

（3）采用公式定位法定位（若采用固定个位档定位法就不需要再定位）。

【例 6-12】　20 619÷87＝237

其运算过程如下。

（1）将被除数拨在算盘上。若采用固定个位档定位法中的公式二来确定被除数的位置，则被除数首位档＝被除数的位数－乘除的位数－1＝M－N－1＝（＋5）－（＋2）－1＝＋2 位，然后从算盘的正二档起依次拨入被除数 20 619，默记除数 87，如图 6-8 所示。

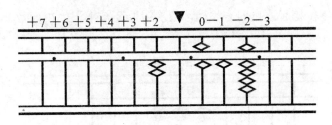

图 6-8

（2）在进行计算时，由于被除数 20 619 的首位数 2 小于除数首位数 8，则运用"不够除挨位商"规则试商，即在算盘的正三档置商数 2。然后用商数 2 乘以除数 87，口诀是"二八 16"、"二七 14"，再从算盘的正二档起逐位向右移档，依次错位连减乘积，得商数为 2，余数为 3 219，如图 6-9 所示。

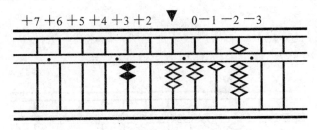

图 6-9

（3）求次商。由于余数 3 219 的首位数 3 小于除数首位数 8，则运用"不够除挨位商"的规则试商，即在算盘的正二档置商数 3。然后用商数 3 乘以除数 87，口诀是"三八 24"、"三七 21"，再从算盘的正一档起逐位向右移档，依次错位连减乘积，得商数为 23，余数为 609，如图 6-10 所示。

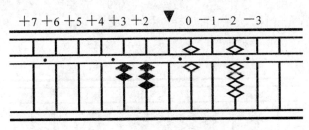

图 6-10

（4）求三商。由于余数 609 的首位数 6 小于除数首位数 8，则运用"不够除挨位商"的规则试商，即在算盘的正一档置商数 7。然后用商数 7 乘以除数 87，口诀是"七八 56"、

"七七49"，再从零位档起逐位向右移档，依次错位连减乘积，得商数为237，余数为0，如图6-11所示。

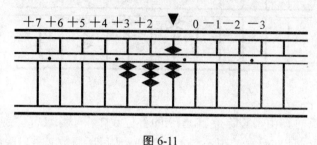

图6-11

（5）结果为237。

【例6-13】 39 552÷412＝96

其运算过程如下。

（1）将被除数拨在算盘上。若采用公式定位法来确定被除数的位置，则从算盘的左边第三档起拨被除数39 552，默记除数412，如图6-12所示。

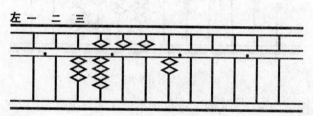

图6-12

（2）在进行计算时，由于被除数39 552的首数3小于除数首数4，则运用"不够除挨位商"的规则试商，即用39与除数4比较，试商为9，应在算盘的左二档置商数9。然后用商数9乘以除数412，口诀是"九四36"、"九一09"、"九二18"，再从商数9的右一档起逐位向右移档，依次错位连减乘积，得商数为9，余数为2 472，如图6-13所示。

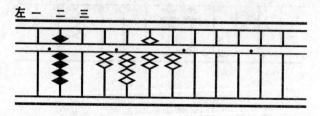

图6-13

（3）求次商。由于余数 2 472 的首位数 2 小于除数首数 4，则运用"不够除挨位商"的规则试商，即用 24 与除数 4 比较，试商为 6，应在算盘的左三档置商数 6。然后用商数 6 乘以除数 412，口诀是"六四 24"、"六一 06"、"六二 12"，再从商数 6 的右一档起逐位向右移档，依次错位连减乘积，得商数为 96，余数为 0，如图 6-14 所示。

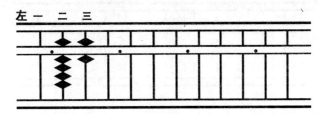

图 6-14

（4）定位：由于被除数的首位数 3 小于除数的首位数 4，则运用"头小位相减"，即选用公式定位法中的公式一：商位数=M−N=（+5）−（+3）=+2 位。

（5）结果为 96。

6.2.2 不隔位商除法

不隔位商除法，又叫改商除法，是指将商数置于被除数的左邻档或将被除数的首位数改成商数的一种方法。其置商的规则是"够除挨位商，不够除本位改商"。

其中，"够除"是指被除数的首位数大于或等于除数的首位数；"不够除"是指被除数的首位数小于除数的首位数；"挨位商"是指商数置于被除数的左边第一档；"本位改商"是指将被除数的首位数改成商数。

1. 一位数不隔位商除法

一位数不隔位商除法的运算过程如下。

（1）将被除数拨在算盘上。若采用固定个位档定位法确定被除数的位置，则利用定位公式来确定；若采用公式定位法确定被除数的位置，则从算盘的左边第二档起拨被除数。

（2）在进行计算时，先从被除数首位起，按大九九口诀，看被除数首位数含几个除数就商几，并根据"够除挨位商，不够除本位改商"的规则将商数拨在算盘上，默记除数；然后从被除数中逐位减去商数与除数的乘积。其减积的档位顺序为：乘积的十位数在商数上减或不减，乘积的个位数在商的后一档减，由高位到低位，依次计算。

（3）采用公式定位法定位（若采用固定个位档定位法就不需要再定位）。

【例 6-14】 832÷8=104

其运算过程如下。

（1）将被除数拨在算盘上。若采用固定个位档定位法中的公式二来确定被除数的位置，则被除数首位档＝被除数的位数－除数的位数＝ M－N＝（＋3）－（＋1）＝＋2 位，然后从算盘的正二档起依次拨入被除数 832，默记除数，如图 6-15 所示。

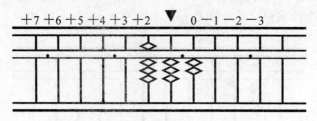

图 6-15

（2）在进行计算时，由于被除数首位数 8 等于除数 8，则运用"够除挨位商"的规则试商，即在算盘的正三档置商数 1。然后用商数 1 乘以除数 8，口诀是"一八 08"，再将乘积 08 从算盘的正二档减去 8，余数为 32，如图 6-16 所示。

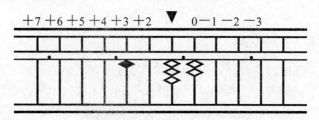

图 6-16

（3）求次商。由于余数 32 的首位数 3 小于除数 8，则运用"不够除本位改商"的规则试商，即将余数首位数 3 改成 4（32÷8＝4）。然后用商数 4 乘以除数 8，口诀是"四八 32"，再从零位档减去乘积的个位数 2（由于本位改商，因此在商数 4 的本档无需减乘积的十位数），余数为 0，如图 6-17 所示。

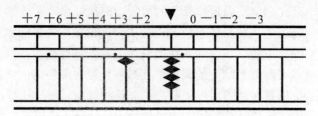

图 6-17

（4）结果为 104。

【例 6-15】　0.634÷0.2＝3.17

其运算过程如下。

（1）将被除数拨在算盘上。若采用公式定位法来确定被除数的位置，则从算盘的左边第二档起拨被除数 634，默记除数 2，如图 6-18 所示。

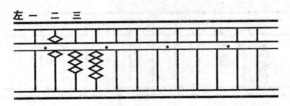

图 6-18

（2）在进行计算时，由于被除数 634 的首数 6 大于除数 2，则运用"够除挨位商"的规则试商，即在被除数首位数前挨位商 3。然后用商数 3 乘以除数 2，口诀是"三二 06"，再将乘积 06 从算盘的左二档减去 6，余数为 34，如图 6-19 所示。

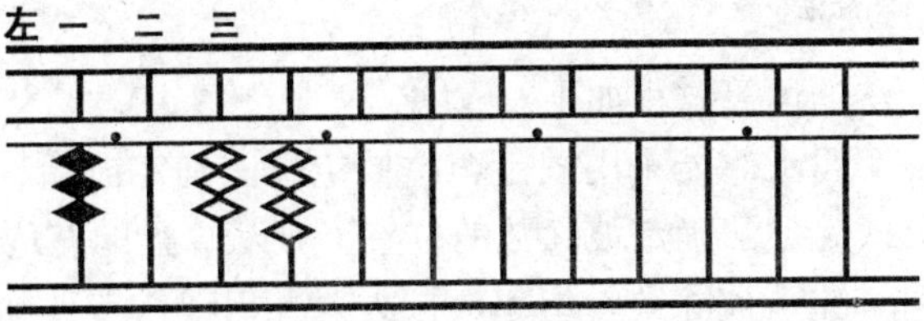

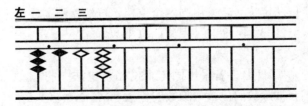

图 6-19

（3）求次商。由于余数 34 的首位数 3 大于除数 2，则运用"够除挨位商"的规则试商，即在余数首位数前挨位商 1。然后用商数 1 乘以除数 2，口诀是"一二 02"，再将乘积 02 从算盘的左三档减去 2，余数为 14，如图 6-20 所示。

图 6-20

(4) 求三商。由于由于余数 14 的首位数 1 小于除数 2，则运用"不够除本位改商"的规则试商，即将余数首位数 1 改成 7（14÷2＝7）。然后用商数 7 乘以除数 2，口诀是"七二 14"，再从算盘的左四档减去乘积的个位数 4（由于本位改商，因此在商数 7 的本档无需减乘积的十位数），余数为 0，如图 6-21 所示。

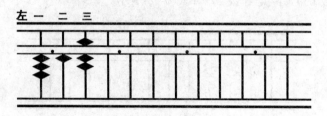

图 6-21

(5) 定位：由于被除数的首位数 6 大于除数的首位数 2，则运用"头大再加 1"，即选用公式定位法中的定位公式二：商的位数＝M－N+1＝0－0+1＝+1 位。

(6) 结果为 3.17。

2. 多位数不隔位商除法

多位数不隔位商除法的运算过程如下。

(1) 将被除数拨在算盘上。若采用固定个位档定位法确定被除数的位置，则利用定位公式来确定；若采用公式定位法确定被除数的位置，则从算盘的左边第二档起拨被除数。

(2) 在进行计算时，先从被除数首位起，按大九九口诀，看被除数首位数含几个除数就商几，并根据"够除挨位商，不够除本位改商"的规则将商数拨在算盘上，默记除数；然后从被除数中减去商数与除数各位数字的乘积，边乘边从被除数中减去积数。如果还有余数再除第二次、第三次……有几次余数就要除几次，直到除尽或计算到所要求的精确度为止。每一次减积的顺序都是从商数档起减首积的十位数或不减，然后逐位向右移档错位连减乘积。

(3) 采用公式定位法定位（若采用固定个位档定位法就不需要再定位）。

【例 6-16】 26.452÷3.14＝8.42（保留两位小数）

其运算过程如下。

(1) 将被除数拨在算盘上。若采用固定个位档定位法中的公式二来确定被除数的位置，则被除数首位档＝被除数的位数－除数的位数＝M－N＝(+2)－(+1)＝+1 档，然后从算盘的正一档起依次拨入被除数 26 452，如图 6-22 所示。

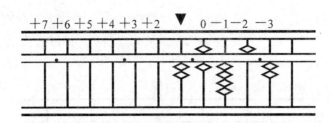

图 6-22

（2）在进行计算时，由于被除数 26452 的首位数 2 小于除数的首位数 3，则运用"不够除本位改商"的规则试商，即将被除数首位数改成 8（26÷3＝8 余 2）。然后用商数 8 乘以除数 314，口诀是"八三 24"、"八一 08"、"八四 32"，再从零位档减去首积的个位数 4（由于本位改商，因此在商数 8 的本档无需减乘积的十位数），并逐位向右移档，依次错位连减乘积，得商数为 8，余数为 1 332，如图 6-23 所示。

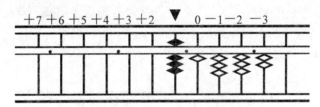

图 6-23

（3）求次商。由于余数 1 332 的首位数 1 小于除数的首位数 3，则运用"不够除本位改商"的规则试商，即将余数首位数改成商数 4（13÷3＝4 余 1）。然后用商数 4 乘以除数 314，口诀是"四三 12"、"四一 04"、"四四 16"，再从算盘的负一档减去首积的个位数 2（由于本位改商，因此在商数 4 的本档无需减乘积的十位数），并逐位向右移档，依次错位连减乘积，得商数为 84，余数位 76，如图 6-24 所示。

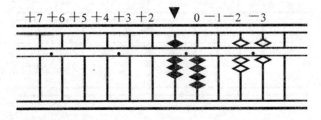

图 6-24

（4）求三商。由于余数 76 的首位数 7 大于除数的首位数 3，则运用"够除挨位商"的规则试商,即在余数首位的前一档置商数2(7÷3=2余1)。然后用商数2乘以除数314,口诀是"二三06"、"二一02"、"二四08", 再从算盘的负二档减去首积的个位数6,并逐位向右移档,依次错位连减乘积,得商数为842,余数为132,如图6-25所示。

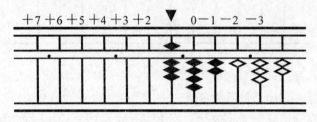

图 6-25

(5)求四商。由于余数132的首位数1小于除数的首位数3,则运用"不够除本位改商"规则试商,即将余数的首位数改成商数4(13÷3=4余1)。然后用商数4乘以除数314,口诀是"四三12"、"四一04"、"四四16",再从算盘的负三档减去首积的个位数2(由于本位改商,因此在商数4的本档无须减乘积的十位数),并逐位向右移档,依次错位连减乘积,得商数为8 424,余数为6,如图6-26所示。

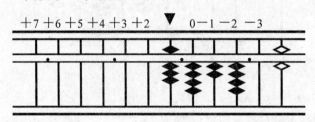

图 6-26

(6)根据精确度要求保留两位小数,得商数8.42,如图6-27所示。

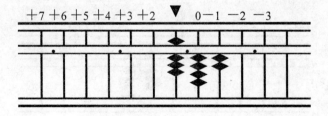

图 6-27

【例 6-17】 14 381÷73＝197

其运算过程如下。

（1）将被除数拨在算盘上。若采用公式定位法来确定被除数的位置，则从算盘的左边第二档起拨被除数 14 381，默记除数 73，如图 6-28 所示。

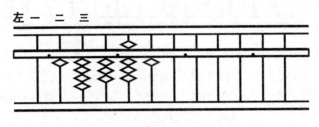

图 6-28

（2）在进行计算时，由于被除数 14 381 的首位数 1 小于除数的首位数 7，则运用"不够除本位改商"规则试商，即将被除数的首位数 1 作为商数（14÷7＝2，根据"宁小勿大"的规则，考虑到除数的后一位，只能上 1）。然后用商数 1 乘以除数 73，口诀是"一七 07"、"一三 03"，再从算盘的左三档减去首积的个位数 7（由于本位改商，因此在商数 1 的本档无需减乘积的十位数），并逐位向右移档，依次错位连减乘积，得商数为 1，余数为 7 081，如图 6-29 所示。

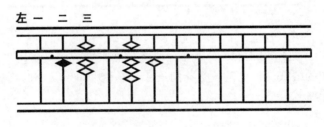

图 6-29

（3）求次商。由于余数 7 081 的前两位 70 小于除数 73，则运用"不够除本位改商"的规则试商，即将被除数的首位数 7 改成商 9。然后用商数 9 乘以除数 73，口诀是"九七 63"、"九三 27"，再从算盘的左四档减去首积的个位数 3（由于本位改商，因此在商数 9 的本档无需减乘积的十位数），并逐位向右移档，依次错位连减乘积，得商数为 19，余数为 511，如图 6-30 所示。

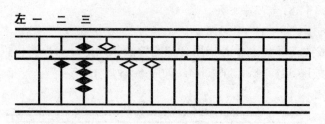

图 6-30

(4) 求三商。由于余数 511 的首数 5 小于除数 7，则运用"不够除本位改商"的规则试商，即将被除数的首位数 5 改成商数 7（51÷7=7 余 2）。然后用商数 7 乘以除数 73，口诀是"七七 49"、"七三 21"，再从算盘的左五档减去首积的个位数 9（由于本位改商，因此在商数 7 的本档无需减乘积的十位数），并逐位向右移档，依次错位连减乘积，得商数为 197，余数为 0，如图 6-31 所示。

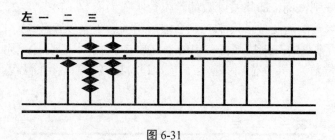

图 6-31

(5) 定位：由于被除数的首位数 1 小于除数的首位数 7，则运用"头小位相减"，即选用公式定位法中的公式一：商的位数=M−N=（+5）−（+2）=+3 位。

(6) 结果为 197。

6.3 省除法和常用估商方法

6.3.1 省除法

省除法是指当被除数与除数的位数比较多，而所要求商的位数较少时，可采用先省略被除数与除数的若干位尾数再进行计算的一种求商近似值的方法。此方法可简化运算程序，提高运算速度。其运算过程如下。

(1) 定位：可采用固定个位档定位法，也可采用公式定位法。

(2) 定好个位档后,用截取公式求出除数和被除数的有效数字。截取有效数字位数的公式是:

(3) 有效数字的位数＝ M－N＋要求保留的小数位数＋2（常数）

将已截取的被除数用定位公式定位后拨入算盘,被除数末尾后一位是压尾档,用"⇩"表示。

(4) 在计算过程中,减积一律减到压尾档的前一档为止,减在压尾档上的数要进行四舍五入处理;商数求到要求的精确度位数为止。取商时,只取到算盘上小数点后第二档或第四档,然后将剩下的余数用心算加一倍,若大于除数前两位数字,商的末位进 1；若小于除数的前两位数字,商的末位不变。

【例 6-18】 45 976.06÷3 6481.2＝1.26（保留两位小数）

此题采用固定个位档定位法定位,不隔位商除法运算,其运算过程如下。

(1) 在算盘上固定个位档确定小数点。个位档用"▼"表示。

(2) 定好个位档后,用截取公式求出被除数和除数的有效数字,即

有效数字的位数＝M－ N＋ 要求保留的小数位数 ＋2＝（＋5）－（＋5）＋（＋2）＋2 ＝＋4 位

此时,被除数和除数应截取四位,变为 4 597÷3 648,然后将被除数 4 597 从算盘的零位档起[被除数首位档＝M－N＝（＋5）－（＋5）＝0 位依次拨入,如图 6-32 所示。

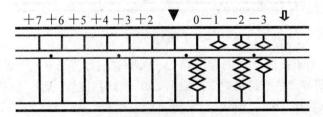

图 6-32

(3) 在采用不隔位商除法进行计算时,由于被除数 4 597 的首位数 4 大于除数的首位数 3,则运用"够除挨位商"的规则试商,即在被除数的首位数 4 前置商数 1（4÷3=1 余 1）,然后用商数 1 乘以除数 3 648,口诀是"一三03"、"一六06"、"一四04"、"一八08",再从算盘的正一档起,依次从被除数中减去乘积,得商数为 1,余数为 949,如图 6-33 所示。

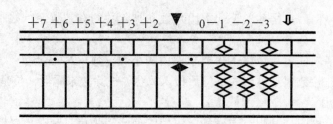

图 6-33

（4）求次商。由于余数 949 的首位数 9 大于除数的首位数 3，则运用"够除挨位商"的规则试商，即在余数的首位数 9 前置商数 2（考虑到除数的第二位数较大，不能商 3），然后用商数 2 乘以除数 3 648，口诀是"二三 06"、"二六 12"、"二四 08"、"二八 16"，再从算盘的零位档起，依次从被除数中减去乘积，得商数为 12，余数为 219（余数为 2 194，4 在压尾档上，应舍去），如图 6-34 所示。

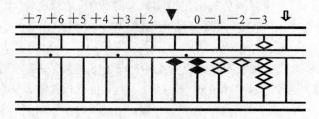

图 6-34

（5）求三商。由于余数 219 的首位数 2 小于除数的首位数 3，则运用"不够除本位改商"的规则试商，即将余数的首位数 2 改成商数 6（考虑到除数的第二位数较大，不能商 7），然后用商数 6 乘以除数 3 648，口诀是"六三 18"、"六六 36"、"六四 24"、"六八 48"，再从算盘的负一档起，依次从被除数中减去乘积，得商数为 126，余数为 0（余数为 12，1 在压尾档上，应舍去），如图 6-35 所示。

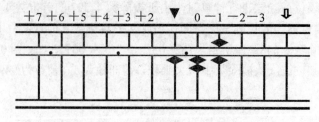

图 6-35

（6）结果为 1.26。

6.3.2 常用估商方法

商除法没有特殊的运算口诀，比较好学，但准确试商比较困难，因此下面介绍几种常用的估商方法。

(1) 用除数首数试商。在除法运算中，当除数的第二位是 0、1、2、3 时，此时就用除数首数试商。

【例 6-19】 647÷21＝30.81

此题由于除数的第二位是 1，就用除数的首数 2 试商，则首商为 3（6÷2＝3）。

【例 6-20】 43 239÷71＝609

此题由于除数的第二位是 1，就用除数的首数 7 试商，则首商为 6（43÷7＝6 余 1）。

【例 6-21】 68 734÷21＝214.12

此题由于除数的第二位是 1，就用除数的首数 2 试商，则首商为 2（6÷2＝3）。

(2) 用除数首数加"1"试商。在除法运算中，当除数的第二位数是 7、8、9 时，此时就用除数首数加"1"试商。

【例 6-22】 265.3÷4.87＝54.48

此题由于除数的第二位是 8，就用除数的首数 4＋1 试商，则首商为 5（26÷5＝5 余 1）。

【例 6-23】 54 056÷58＝932

此题由于除数的第二位是 8，就用除数的首数 5＋1 试商，则首商为 9（54÷6＝9）。

【例 6-24】 20 188÷49＝412

此题由于除数的第二位是 9，就用除数的首数 4＋1 试商，则首商为 4（20÷5＝4）。

(3) 用减"1"试商。在除法运算中，当除数的第二位是 4、5、6 等数字时，采用"宁小勿大"的规则，此时就用减"1"试商。

【例 6-25】 5 005÷65＝77

此题除数的第二位是 5，由于 50÷6＝8 余 2，若用 8 试商，就会出现不够减退商的情况，这时就用 7 试商（8－1＝7），则首商为 7。

【例 6-26】 359 784÷456＝789

此题除数的第二位数为 5，由于 35÷4＝8，若用 8 试商，就会出现不够减退商的情况，这时就用 7 试商（8－1－7），则首商为 7。

(4) 用前两位之差法试商。在除法运算中，当除数、被除数的首位数均为 1 时，取其前两位之差，试商的规律如下。

① 当除数和被除数的前两位的差为 0、1、2 时，就用 9 试商。
② 当除数和被除数的前两位的差为 1、2、3 时，就用 8 试商。
③ 当除数和被除数的前两位的差为 3、4、5 时，就用 7 试商。
④ 当除数和被除数的前两位的差为 5、6、7 时，就用 6 试商。

⑤ 当除数和被除数的前两位的差为 7、8、9 时，就用 5 试商。

【例 6-27】　117 238÷146＝803

此题由于除数和被除数的前两位的差为 3（14－11＝3），则用 8 试商。

【例 6-28】10 725÷143＝75

此题由于除数和被除数的前两位的差为 4（14－10＝4），则用 7 试商。

【例 6-29】139 425÷143＝975

此题由于除数和被除数的前两位的差为 1（14－13＝1），则用 9 试商。

思考与练习

一、思考题

1. 商的定位方法有哪几种？
2. 商除法的基本运算方法有哪几种？
3. 用固定个位档定位法定位的隔位商除法、不隔位商除法如何运算？
4. 用公式定位法定位的隔位商除法、不隔位商除法如何运算？
5. 常用估商方法有哪些？
6. 什么是省除法？如何运算？

二、练习题

1. 指出下列商数的位数

（1）49 491.2÷836＝（　　）592

（2）2506.61÷68.3＝（　　）367

（3）24.60051÷0.03267＝（　　）753

（4）412.02÷327＝（　　）126

（5）4 076 248÷23.6＝（　　）2018

（6）3.74496÷0.752＝（　　）498

（7）19 226.66÷498.1＝（　　）386

（8）0.76076÷3.08＝（　　）247

（9）52.3882÷0.00326＝（　　）1607

（10）0.03100188÷85.17＝（　　）364

2. 用一位数商除法计算下列各题：

(1) $183\,832 \div 8 =$

(2) $474.65 \div 20 =$

(3) $57\,570 \div 6 =$

(4) $28\,317 \div 0.04 =$

(5) $31\,752 \div 9 =$

(6) $58\,268.2 \div 800 =$

(7) $46\,800 \div 3 =$

(8) $57.2874 \div 0.06 =$

(9) $23\,670 \div 4 =$

(10) $651.08 \div 400 =$

3. 用多位数除法用商除法计算下列各题（保留两位小数）

(1) $7\,144 \div 94 =$

(2) $398\,544 \div 8\,740 =$

(3) $4\,778 \div 57 =$

(4) $7\,017.07 \div 0.23 =$

(5) $75\,379 \div 4\,300 =$

(6) $3\,455.84 \div 9.84 =$

(7) $8\,257 \div 470 =$

(8) $51\,801 \div 38 =$

(9) $70\,789 \div 67 =$

(10) $0.649675 \div 0.00975 =$

4. 用省除法计算下列各题（精确到 0.01）

(1) $7\,046\,240 \div 317\,060 =$

(2) $3\,864.92 \div 385.28 =$

(3) $865\,703 \div 284\,755 =$

(4) $1\,347.28564 \div 494.7265 =$

(5) $482\,607 \div 0.52038 =$

(6) $905.7865 \div 3\,964.572 =$

(7) $78\,628 \div 86.3835 =$

(8) $8\,974.575 \div 587.3763 =$

(9) $4.72815 \div 3.1417 =$

(10) $372.86 \div 664.09 =$

5. 六 ～ 四级除法练习（限时 10 分钟，小数题要求保留两位）

(1)	(2)
① 29 036÷427=	① 44 030÷518=
② 8 950÷358=	② 7 992÷296=
③ 49 329÷609=	③ 39 424÷704=
④ 9 234÷162=	④ 6 732÷374=
⑤ 11 410÷815=	⑤ 36 636÷852=
⑥ 51 392÷704=	⑥ 42 813÷603=
⑦ 15 717÷39=	⑦ 16 236÷18=
⑧ 54 056÷58=	⑧ 22 932÷63=
⑨ 43 239÷71=	⑨ 37 219÷91=
⑩ 11 782÷43=	⑩ 19 018÷72=
⑪ 26 565÷69=	⑪ 14 575÷25=
⑫ 15 893÷23=	⑫ 38 997÷63=
⑬ 117 238÷146=	⑬ 157 584÷196=
⑭ 355 506÷579=	⑭ 123 717÷759=
⑮ 571 826÷802=	⑮ 149 124÷204=
⑯ 40 448÷158=	⑯ 108 125÷173=
⑰ 634.39÷70.4=	⑰ 164.05÷40.9=
⑱ 18.9198÷3.96=	⑱ 61.3546÷6.28=
⑲ 263.54÷71.4=	⑲ 266.45÷53.6=
⑳ 11.4246÷2.85=	⑳ 29.3139÷9.74=

(3)		(4)	
①	24 769÷527=	①	20 350÷275=
②	63 519÷683=	②	24 882÷638=
③	2 834÷109=	③	6 825÷105=
④	26 216÷452=	④	39 933÷459=
⑤	14 212÷836=	⑤	7 656÷638=
⑥	16 441÷401=	⑥	13 376÷704=
⑦	71 574÷79=	⑦	54 964÷91=
⑧	10 062÷26=	⑧	48 546÷62=
⑨	2 844÷18=	⑨	3 179÷17=
⑩	16 872÷57=	⑩	22 865÷85=
⑪	10 336÷34=	⑪	17 329÷43=
⑫	17 097÷41=	⑫	12 528÷72=
⑬	66 306÷257=	⑬	299 148÷514=
⑭	781 878÷863=	⑭	223 376÷368=
⑮	314 382÷906=	⑮	237 976÷604=
⑯	137 085÷741=	⑯	792 995÷973=
⑰	9.1563÷3.09=	⑰	6.4191÷1.02=
⑱	81.4368÷26.8=	⑱	21.4138÷6.98=
⑲	384.89÷53.9=	⑲	14.8311÷3.59=
⑳	56.8897÷6.28=	⑳	145.51÷28.6=

(续表)

(5)		(6)	
①	24 769÷527=	①	20 350÷275=
②	63 519÷683=	②	24 882÷638=
③	2 834÷109=	③	6 825÷105=
④	26 216÷452=	④	39 933÷459=
⑤	14 212÷836=	⑤	7 656÷638=
⑥	16 441÷401=	⑥	13 376÷704=
⑦	71 574÷79=	⑦	54 964÷91=
⑧	10 062÷26=	⑧	48 546÷62=
⑨	2 844÷18=	⑨	3 179÷17=
⑩	16 872÷57=	⑩	22 865÷85=
⑪	10 336÷34=	⑪	17 329÷43=
⑫	17 097÷41=	⑫	12 528÷72=
⑬	66 306÷257=	⑬	299 148÷514=
⑭	781 878÷863=	⑭	22 376÷368=
⑮	314 382÷906=	⑮	237 976÷604=
⑯	137 085÷741=	⑯	792 995÷973=
⑰	9.1563÷3.09=	⑰	6.4191÷1.02=
⑱	81.4368÷26.8=	⑱	21.4138÷6.99=
⑲	384.89÷53.9=	⑲	14.8311÷3.59=
⑳	56.8897÷6.28=	⑳	145.51÷28.6=

6. 三～一级除法练习 （限时 10 分钟，小数题要求保留两位）

(1)	(2)
① 2 364 288÷384=	① 4 347 237÷619=
② 4 161 876÷9502=	② 1 852 524÷3027=
③ 1 548 053÷617=	③ 3 197 480÷845=
④ 1 503 568÷8543=	④ 7 492 608÷9216=
⑤ 937 465÷269=	⑤ 3 749 272÷734=
⑥ 6 747 468÷7 014=	⑥ 5 371 726÷5 801=
⑦ 2 849 385÷385=	⑦ 835 783÷269=
⑧ 5 289 452÷6 201=	⑧ 1 454 362÷1703=
⑨ 1 046 682÷497=	⑨ 1 625 916÷548=
⑩ 736 702÷1 538=	⑩ 323 0361÷6 297=
⑪ 2 094 198÷246=	⑪ 883 260÷315=
⑫ 3 562 416÷5 709=	⑫ 941 192÷4 802=
⑬ 48 986.5÷81.3=	⑬ 23 018.45÷67.9=
⑭ 5.8054÷4.2065=	⑭ 627.4935÷135.98=
⑮ 4 168.1088÷7.39=	⑮ 1 837.3464÷2.46=
⑯ 37 209.02÷3 812.4=	⑯ 49 826.15÷7 051.3=
⑰ 1 056.7868÷5.76=	⑰ 5 954.39÷9.84=
⑱ 42.4215÷9.2801=	⑱ 22.71376÷2.6015=
⑲ 980.1256÷3.74=	⑲ 6 214.54÷37.8=
⑳ 27 139.72÷6 205.9=	⑳ 3 453.8806÷412.65=

（续表）

(3)		(4)	
①	1 544 676÷497=	①	6 928 272÷936=
②	5 064 375÷8 103=	②	1 246 826÷2 407=
③	2 646 458÷562=	③	5 652 840÷815=
④	5 767 422÷7 094=	④	2 768 843÷3 269=
⑤	978 789÷381=	⑤	623 790÷478=
⑥	5 331 865÷6 295=	⑥	1 445 886÷1 503=
⑦	3 008 054÷478=	⑦	3 628 072÷629=
⑧	1 210 662÷1 306=	⑧	1 084 798÷7 586=
⑨	4 451 535÷529=	⑨	646 526÷314=
⑩	4 978 512÷7 184=	⑩	7 980 735÷9 205=
⑪	2 971 188÷369=	⑪	3 480 852÷678=
⑫	985 782÷2 058=	⑫	2 878 029÷4 153=
⑬	3 650.92÷7.41=	⑬	4 831.04÷9 026=
⑭	7 648.34÷930.65=	⑭	69.2537÷7.0841=
⑮	5 169.03÷8.47=	⑮	12 879.41÷35.2=
⑯	12.74806÷1.3659=	⑯	3 854.0475÷647.89=
⑰	36 512.74÷47.8=	⑰	876.4028÷1.53=
⑱	2 493.84÷510.62=	⑱	59 343.67÷7 204.8=
⑲	2 823.32÷3.94=	⑲	758.5107÷6.95=
⑳	37 408.97÷7 650.1=	⑳	29 908.83÷8 127.4=

(续表)

	(5)		(6)
①	7 816 028÷814=	①	2 013 392÷592=
②	4 563 615÷6 209=	②	2 070 618÷3 014=
③	2 906 694÷357=	③	8 022 351÷867=
④	637 056÷1824=	④	2 092 506÷2 509=
⑤	2 531 880÷936=	⑤	438 581÷143=
⑥	3 414 150÷7 025=	⑥	998 202÷6 278=
⑦	1 759 979÷481=	⑦	287 5824÷951=
⑧	4 773 332÷6 593=	⑧	2 727 594÷4 023=
⑨	2 001 688÷247=	⑨	1 975 218÷786=
⑩	834 944÷1 408=	⑩	4 623 949÷5 321=
⑪	2 412 839÷359=	⑪	3 574 512÷964=
⑫	3661 372÷7 612=	⑫	2 089 485÷7 083=
⑬	1 606.82÷4.53=	⑬	914.0647÷3.52=
⑭	53.6027÷8.1069=	⑭	23.7486÷6.0941=
⑮	17 846.25÷25.7=	⑮	18 523.96÷38.7=
⑯	789.0854÷369.14=	⑯	8 406.59÷5 236.9=
⑰	43 869.86÷68.3=	⑰	2 101.42÷4.18=
⑱	39 601.71÷9 706.3=	⑱	1 797.19÷730.52=
⑲	1812.11÷5.84=	⑲	5 831.76÷6.94=
⑳	6 266.95÷1 320.9=	⑳	10 575.56÷4 081.3=

第7章 传票算与账表算

【学习目标】

通过本章学习,了解传票算与账表算的基本知识,掌握传票算和账表算的具体运算步骤与方法,熟练掌握传票算的一目一页打法和账表算的一目两数直加法。

7.1 传 票 算

传票算也称为凭证汇总算,是对各种单据、发票和记账凭证进行汇总计算的一种方法,也是加减运算中的一种常用方式。传票按是否装订,可分为订本式传票和活页式传票两种。

7.1.1 传票算的规格和题型

1. 传票算的规格

在日常练习中,一般以订本式传票为主。订本式传票是练习传票算的依据,其规格是长 19 cm,宽 9 cm,一般每本为 100 页,每页的右上角印有阿拉伯数字表示页码,每页传票上有五笔(行)数字,每笔数字前自上而下依次印有(一)、(二)、(三)、(四)、(五)的标志[其中"(一)"表示第一行数,"(二)"表示第二行数,以此类推],每笔最高位数有 7 位数字,最低位数有 4 位数字。传票规格如图 7-1 所示。

		8
(一)	6,124.05	
(二)	71,085.29	
(三)	32.68	
(四)	587.41	
(五)	2,609.17	

图 7-1

2. 传票算的题型

传票算的题型是：每 20 页为一题，共 110 个字，其中 0～9 的数字要求均衡出现，如表 7-1 所示。

表 7-1

题号	起止页码	行次	答案
1	7～26	（二）	
2	8～27	（四）	
3	12～31	（五）	
4	65～84	（三）	
……	……	……	

在表 7-1 中，第 1 题要求从第 7 页起，运算到 26 页截止，把每页第（二）行数字累加起来计算出结果，然后将结果填写在答案栏中；第 2 题要求从第 8 页起，运算到 27 页截止，把每页第（四）行数字累加起来计算出结果，然后将结果填写在答案栏中，以此类推。

7.1.2 传票算的步骤

1. 整理传票

整理传票就是在运算传票前先检查传票本有无缺页、重页或数字不清晰的情况，然后将传票本捻成扇面形状。捻扇面的方法是：用左手握住传票的左下角，拇指放在传票封面的上部，其余四指放在传票本背面；右手握住传票的右上角，拇指放在传票封面的上部，其余四指放在传票背面；左右手向里捻动，形成扇形后，用票夹将传票本左上角夹住，以固定扇面。扇面形状的大小依需要而定。

2. 传票的摆放

传票的摆放位置依计算工具而定，如果使用算盘计算，传票本可摆放在算盘的左下方，答题纸放在算盘的右下方；如果使用电脑小键盘计算，传票本应放在左边，答题纸应放在中间，传票本应压住答题纸，以不影响看题、写数为宜。

3. 传票的找页、翻页、记页

（1）找页。找页即找到算题的起始页，是传票算的基本功之一。由于传票试题在拟题时并不按自然顺序，而是相互交叉，这就需要在运算过程中前后找页。找页的重点是练习手感，即摸纸页的厚度，一翻便与所找的页数相差无几，才能加快计算。对找页的基本要求是：在书写上一个计算答案时，用眼睛的余光看清下题，随即用左手翻找下题起始页，边写答案边找页。

（2）翻页。翻页时，左手小指、无名指和中指放在传票本左下方，食指、拇指放在每题的起始页，用拇指的指肚处轻轻靠住传票本应翻起的页码，翻上来后用食指配合拇指把翻过的页码夹在中指与食指的指缝中间，以便拇指继续翻页。在翻页计算时，可以一次一页翻打，也可以一次两页或三页翻打。翻页时要注意用拇指的指肚去掀票页下端的纸边，不要用拇指和食指搓捻票页，以提高翻页速度。

（3）记页和数页。记页就是在运算中要记住终止页。一般传票算每题由20页组成，为避免在计算中发生超页或打不够页的现象，必须在计算过程中默记打了多少次，打一页计一次，记到第20次时，就核对该题的起止页，立即书写答数。

数页就是边运算边默念已打过的页数，如在表7-1中的第1题要求从第7页起，运算到26页截止，把每页第二行数字累加起来，在打第7页时默念1，打第8页时默念2……打第26页时默念20，此时就写答数。这种数页法在一目两页的运算中更方便，如打前两页时默念1，打次两页时默念2……到10时写答数。

4. 传票的看数与拨珠

在运算传票过程中，翻页、看数、拨珠要协调进行。为尽量节省时间，应做到打上页最后几位数时，手已翻开下页。一目两页或三页的打法也是如此。只有这样才能提高传票运算的速度。

7.1.3 传票算的方法

1. 一目一页打法

一目一页打法是指在运算传票时，采用翻一页打一笔数的方法。一目一页打法采用一次计算一笔数字，因此翻页、拨珠动作较多，不利于提高计算效率和计算水平。

2. 一目两页打法

一目两页打法是指在运算传票时，将传票一次翻起两页，然后将两页同行数字的同位数心算相加，一次拨入算盘。其具体方法是：小指、中指、无名指放在传票封面上，食指放在起始页上，拇指掀起传票，翻到起始页后，拇指掀起上页，露出下页，并使上下两页的数据能同时看清（不能同时看清时，可稍动一下掀起的上页）；当拨至末两位时，默记上下两页的和数，再将掀上页的拇指下移，把下页掀起（拇指同时掀两次），然后将上下两页一并翻过，食指随即挡住翻过的票页；拇指接着再掀起下一个两页的上页，露出下页，前两页算完后，紧接着计算下两页，如此继续，左手翻动十次即完成一道算题。

一目两页打法较一目一页打法减少了翻页和拨珠次数,提高了计算效率。

3. 一目三页打法

一目三页打法是指在运算传票时,将三页传票的同位数累加起来一次拨入算盘。其具体方法是:小指、无名指放在传票封面的左下方,大拇指翻起一页传票后用中指食指夹牢,大拇指再迅速掀起下一页传票,使眼睛能很快看清三页中同位数的数字,然后将心算的三数之和拨入算盘。一目三页打法翻页、运算难度都较大,一般可以先将第一、二页同位数相加后,然后迅速加上第三页同位数,再将和数拨入算盘,以减少翻页、拨珠动作。

7.2 账表算

账表算又称表册算,是指把账簿、报表中的每行、每栏进行加或减,求其结果的一种运算。它是日常经济工作中最常见的加减运算形式。账表算和传票算一样,属于全国珠算比赛项目。依据中国银行柜面人员考核标准,账表算的题型一般由 5 列 20 行组成,即横行 20 个算题,纵行 5 个算题,如表 7-2 所示。

表 7-2

题 号	(一)	(二)	(三)	(四)	(五)	合 计
(1)	731 649	7 418	18 235 064	5 802 693	85 907	
(2)	15 420 873	5 918 603	46 295	−6 704	920 138	
(3)	8 062	57 849	1 379 640	482 135	62 435 079	
(4)	5 024 187	50 928 637	801 953	16 472	6 438	
(5)	58 064	673 294	3 184	56 728 319	2 154 709	
(6)	87 906 351	4 076	418 392	2 965 407	26 813	
(7)	357 290	65 198	4 932 180	4 316	60 845 792	
(8)	69 318	3 824 706	6 579	27 513 048	−269 541	
(9)	7 264	28 650 914	97 068	840 315	9 315 270	
(10)	1 409 785	428 307	23 614 597	96 280	7 135	
(11)	35 926	6 142	80 735 641	−1 782 953	584 097	
(12)	209 851	75 124 063	60 725	9 748	3 962 184	
(13)	24 153 069	2 573 981	372 841	80 936	5 706	
(14)	4 375	81 360	7 681 259	659 402	43 207 581	
(15)	9 837 640	305 241	2 048	31 720 569	81 976	

（续表）

题 号	（一）	（二）	（三）	（四）	（五）	合 计
（16）	42 138	9 765	59 016 327	365 084	1，209 834	
（17）	40 517 692	8 635 219	793 486	70 531	4 902	
（18）	6 587	192 630	9 401 752	20 139 487	76 453	
（19）	2 813 096	19 753 482	52 406	7 591	−381 760	
（20）	902 713	94 075	8 753	8 169 240	18 627 345	
合计						

1. 账表算的方法

账表运算分为横行运算和纵栏运算。账表中的纵向运算与珠算等级练习题相同，可采用一目三行加减算，方法是：把账表放在算盘下面，用左手指数，并随着计算把题向上推，使其计算的行数尽量与盘面的距离接近，以便看数、拨珠、抄写答数能快速进行。账表中的横行运算主要有以下两种方法。

（1）一目两数直加法。一目两数直加法就是先将横向每两个数的同位数的和直接拨入算盘后，再加第五笔数；或者先将前两笔数合并入盘，然后再加第三笔数，再将后两笔数合并入盘。其过程是：先将左手中指和食指同时指点两笔数的下边，按分节逐位将两笔数的同位数用心算得出结果，然后迅速拨在算盘上，当在拨最后两位数入盘时，可迅速将手横移到右边另两笔数的下边接着运算，直到算完为止。

（2）一目两数抵消法。一目两数抵消法就是在账表运算中，对于账表中的加减混合算题，采用正负两数相互抵消，其结果直接入盘，正数为加，负数为减。

2. 账表算的计分标准

账表算满分为 200 分；纵向题每题计 14 分，共计 70 分；横向题每题计 4 分，共计 80 分，两项合计 150 分；如果一张账表答数全部正确且轧平（轧平是指纵栏 5 个合计数的一行之和，与横行 20 个合计数的一栏之和相等），再另加 50 分，即总分 200 分。

思考与练习

一、思考题

1. 传票算的运算算方法有哪几种？如何运用？
2. 账表算的运算方法有哪几种？如何运用？
3. 账表算的计分标准是什么？

二、练习题

1. 传表算试题：准备一本订本式传票计算下列各题

（1）

题 号	起止页数	行 次	答 案
1	69～88	（一）	
2	38～57	（三）	
3	7～26	（五）	
4	56～75	（二）	
5	25～44	（四）	
6	74～93	（一）	
7	43～62	（三）	
8	12～31	（五）	
9	61～80	（二）	
10	30～49	（四）	
11	40～59	（一）	
12	9～28	（三）	
13	58～77	（五）	
14	27～46	（二）	
15	76～95	（四）	
16	1～20	（二）	
17	50～69	（四）	
18	19～38	（三）	
19	68～87	（五）	
20	37～56	（一）	
21	4～23	（一）	
22	7～26	（三）	
23	13～32	（五）	
24	22～41	（二）	
25	76～95	（四）	

（2）

题 号	起止页数	行 次	答 案
1	31～50	（二）	
2	50～69	（四）	
3	9～28	（三）	
4	65～84	（五）	
5	8～27	（一）	
6	43～52	（一）	
7	19～38	（三）	
8	68～87	（五）	
9	47～66	（二）	
10	6～25	（四）	
11	11～30	（二）	
12	54～73	（四）	
13	29～48	（三）	
14	48～67	（五）	
15	27～46	（一）	
16	76～95	（五）	
17	31～50	（三）	
18	50～69	（一）	
19	9～28	（四）	
20	65～84	（三）	
21	8～27	（二）	
22	43～52	（三）	
23	19～38	（五）	
24	59～78	（一）	
25	28～47	（四）	

2. 账表算试题

（1）

题 号	（一）	（二）	（三）	（四）	（五）	合 计
（1）	281 690	6 513 407	85 372	89 427 305	4 691	
（2）	40 358 792	239 360	4 615	94 783	2 708 569	
（3）	43 587	54 038 972	4 098 761	6 512	120 693	
（4）	3 967 410	6 821	95 823 407	－569 102	74 835	
（5）	5 621	79 548	362 910	6 138 470	87 215 043	
（6）	601 842	2 861	26 475 039	8 705 913	74 359	
（7）	9 145 768	436 082	57 493	27 931 650	8 021	
（8）	59 304	21 670 593	170 238	2 864	－6 871 459	
（9）	28 057 136	5 809 147	8 651	43 927	623 094	
（10）	9 372	75 394	2 086 491	608 415	73 206 185	
（11）	85 914	62 304 589	7 960 214	3 571	720 638	
（12）	308 672	4 791 352	48 956	65 809 142	3 710	
（13）	3 069	38 571	725 348	2 640 719	62 498 105	
（14）	68 524 107	296 180	3 710	98 345	4 263 957	
（15）	9 137 254	7 406	65 231 809	－302 678	48 591	
（16）	5 890 372	18 349 267	5 310	910 546	82 476	
（17）	401 639	6 597 082	78 249	1 305	14 732 568	
（18）	74 862	3 410	6 089 527	18 973 652	－904 351	
（19）	6 185	359 014	19 730 246	84 723	5 276 890	
（20）	24 705 931	25 687	586 431	8 096 247	9 301	
合计						

（2）

题 号	（一）	（二）	（三）	（四）	（五）	合　计
（1）	982 610	5 760 134	52 837	90 854 273	6 149	
（2）	59 034 827	102 963	6 541	43 987	1 270 856	
（3）	73 584	47 520 389	1 409 876	6 152	312 069	
（4）	1 309 647	6 218	97 850 234	－529 601	48 753	
（5）	1 265	94 785	301 926	1 067 384	93 284 507	
（6）	406 182	8 126	23 496 750	7 389 051	59 473	
（7）	4 817 596	342 608	49 735	20 653 917	8 201	
（8）	95 304	23 691 750	731 028	8 426	7 986 514	
（9）	18 250 736	7 584 091	8 615	37 942	－342 609	
（10）	9 273	93 574	1 209 864	450 861	71 256 038	
（11）	84 519	69 382 045	9 174 602	3 175	327 680	
（12）	238 067	5 274 913	86 495	62 048 591	3 071	
（13）	3 609	85 371	278 534	7 961 402	65 104 982	
（14）	68 752 410	216 908	3 017	84 935	4 572 639	
（15）	4 519 372	4 076	69 205 381	－238 067	81 495	
（16）	7 280 953	16 973 482	1 035	940 605	46 287	
（17）	193 046	7 852 906	49 827	5 130	18 267 345	
（18）	42 768	3 014	7 602 985	16 759 823	－941 053	
（19）	8 516	345 109	12 947 306	43 782	2 075 698	
（20）	21 547 093	57 268	684 513	9 407 826	9 103	
合计						

（3）

题 号	（一）	（二）	（三）	（四）	（五）	合 计
（1）	58 190	479 326	60 485 127	3 627	9 805 341	
（2）	8 021 439	6 075	723 654	85 319	64 790 182	
（3）	3 657	36 847 219	3 510 948	452 076	89 201	
（4）	478 526	9 081 345	21 039	64 087 912	3 756	
（5）	60 342 719	25 108	8 796	1 950 843	756 423	
（6）	29 634	8 432 567	520 187	9 018	16 074 539	
（7）	14 530 786	7 081	9 342 560	−24 639	−517 892	
（8）	7 901	510 298	15 632 748	7 438 256	43 906	
（9）	9 638 542	16 407 359	46 309	527 180	2 187	
（10）	521 807	49 236	7 198	35 960 471	8 426 305	
（11）	4 973 568	26 193 074	58 076	8 912	354 012	
（12）	87 601	5 809 763	3 542	924 531	61 879 403	
（13）	21 479 086	635 124	1 836 709	50 763	5 942	
（14）	3 425	81 075	952 341	69 704 812	5 062 879	
（15）	921 053	9 824	84 017 962	4 076 586	73 618	
（16）	15 604	376 982	49 508 231	7 460 953	1 287	
（17）	623 819	1 259	64 807	25 087 314	3 960 745	
（18）	7 938	7 430 965	285 169	12 740	26 105 843	
（19）	9 724 560	28 051 437	7 603	−398 162	18 954	
（20）	45 173 082	84 061	5 172 349	6 895	−397 026	
合计						

第 8 章 点钞与验钞

【学习目标】

通过本章学习，了解点钞和验钞的基本知识，掌握第五套人民币的鉴别方法，重点掌握点钞和验钞的基本方法，熟练掌握手持式单指单张点钞法。

8.1 点　　钞

8.1.1 点钞的基本知识

点钞又称票币的整点，是财会、金融和商品经营等专业应该掌握的一项专业技术，也是从事财会、金融和商品经营等工作必须具备的基本技能。

1. 点钞的基本程序

点钞的基本程序包括拆把、点数、扎把和盖章等4个环节。

（1）拆把：将成把的钞票的封条拆掉，同时做好点数的准备。

（2）点数：在手中点钞的同时，脑中记数，点准100张钞票。

（3）扎把：将点准的100张的钞票墩齐，并用捆钱条扎紧，不足100张的在捆钱条上写出实点数和金额。

（4）盖章：就是在扎好的捆钱条上加盖经办人名章，以明确责任。

2. 点钞的整理要求

在点钞过程中，要把混乱不齐、折损不一的钞票进行整理，使之整齐美观。点钞的整理要求有以下几点。

（1）平铺整齐，边角无折。

（2）同票一起，不能混淆。

（3）票面同向，不能颠倒。

（4）验查真伪，去伪存真。

（5）剔除残币，完残分放。

(6) 百张一把，十把一捆。
(7) 扎把捆紧，经办盖章。
(8) 清点结账，复核入库。

3. 点钞的技术要点

（1）坐姿要端正。点钞的坐姿会直接影响点钞技术的发挥和提高。正确的坐姿应该是直腰挺胸，身体自然，肌肉放松，双肘自然放在桌上，持票的左手腕部接触桌面，右手腕部稍抬起。

（2）用具要定位。点钞时使用的印泥、图章、水盒、腰条等要按使用顺序固定位置放好，以便点钞时使用顺手。

（3）点数要准确。点钞技术关键是一个"准"字，清点和记数准确是点钞的基本要求。点数准确要做到精神集中，坚持定型操作，手、眼、脑紧密配合。

（4）钞票要墩齐。钞票点好后必须墩齐后（4条边水平，不露头，卷角拉平）才能扎把。

（5）扎把要捆紧。扎小把应以提起第一张钞票不被抽出为准；按"#"字形捆扎的大捆，应以用力推不变形，抽不出票把为准。

（6）盖章要清晰。腰条上的名章，是分清责任的标志，因此每个人整点后都要盖章，图章要清晰可分辨。

（7）动作要连贯。动作连贯是保证点钞质量和提高效率的必要条件，点钞过程的各个环节（拆把、清点、墩齐、扎把、盖章）必须密切配合，环环相扣，双手动作要协调，速度要均匀，要注意减少不必要的小动作。

8.1.2 点钞的方法

在实际工作中，点钞的方法很多，概括而言，可以划分为手工点钞和机器点钞两大类。对于手工点钞，根据持票姿势不同，又可划分为手按式点钞方法和手持式点钞方法。手按式点钞方法，是将钞票放在台面上操作；手持式点钞方法，是将钞票拿在手上操作，其速度远比手按式点钞方法快。手持式点钞方法根据指法不同又可分为：单指单张点钞法、单指多张点钞法、多指多张点钞法、扇面式点钞法等4种。

1. 单指单张点钞法

单指单张点钞法是指用在点钞时，一个手指一次点一张的方法。它是点钞中最基本也是最常用的一种方法。这种方法的优点是使用范围较广，频率较高，持票面小，能看到票面的四分之三，容易发现假钞票及残破票；缺点是点一张记一个数，比较费力。单指单张点钞法适用于收款、付款和整点各种新旧大小钞票。其操作过程如下。

(1) 持票：左手要横执钞票，用左手中指与无名指夹紧钞票，然后用左手食指和拇指轻握钞票，并沿桌面向胸前拉进至桌沿，用左手食指顶住钞票背部，拇指压住钞票正面使钞票略呈扇形。

(2) 清点：左手持钞并形成扇形后，右手拇指轻轻触在钞票右上角，食指和中指在背面抵住钞票不要挪开，此时用拇指尖逐张向下摩擦并捻动钞票右上角，捻动幅度要小，并由右手的无名指将捻起的钞票向怀里弹，要注意轻点快弹。

(3) 记数：采用分组记数法，把10作1记，即1、2、3、4、5、6、7、8、9、1（即10），1、2、3、4、5、6、7、8、9、2（即20），以此类推，数到1、2、3、4、5、6、7、8、9、10（即100）。采用这种记数法记数既简单又快捷，省力又好记。记数时要默记，不要念出声，做到脑、眼、手密切配合，这样才能既准又快。

(4) 扎把：先将钞票墩齐，左手横捏钞票上侧左半部，拇指在前，中指、无名指、小指在后，食指在钞票上侧伸直。同时，左手将钞票稍压成小瓦型，右手拇指、食指、中指捏住腰条一端约4公分长放在钞票背面中间，然后由外往内缠绕，将纸条另一端留在票面上部，用右手食指和拇指捏住纸条向右折掖在钞票正面上侧。

(5) 盖章：在扎好的捆钱条上加盖经办人名章，以明确责任。

2. 单指多张点钞法

单指多张点钞法是指在点钞时，一指同时点两张或两张以上的方法。这种方法的优点是记数简单省力，效率高；缺点是在一指捻几张时，由于不能看到中间几张的全部票面，所以假钞和残破票不易发现。单指多张点钞法适用于收款、付款和各种券别的整点工作。其操作过程如下。

(1) 持票：与单指单张点钞法的持票相同。

(2) 清点：右手食指放在钞票背面右上角，拇指肚放在正面右上角，拇指尖超出票面，用拇指肚先捻第一张，接着拇指尖捻第二张；拇指用力要均衡，捻的幅度不要太大，食指、中指在票后面配合捻动，拇指捻一张，无名指就向怀里弹一张，同时边点边默记数。

(3) 记数：采用分组记数法，如果点两张时，两张为一组记一个数，50组就是100张；如果点3张时，即以3张为组记数，每捻3张记一个数，33组余1张就是100张。

(4) 扎把：与单指单张点钞法的扎把相同。

(5) 盖章：与单指单张点钞法的盖章相同。

3. 多指多张点钞法

多指多张点钞法也称四指四张点钞法，是指在点钞时，用小指、无名指、中指、食指依次捻下一张钞票，一次清点4张钞票的方法。这种方法的优点是省力、省脑，而且效率高，能够逐张识别假钞票和挑剔残破钞票。多指多张点钞法适用于收款、付款和整点工作。其操作过程如下。

（1）持票：先将钞票竖立于桌面，左手中指指背顶住钞票正面，食指、无名指及小指盖住钞票的背面，并用中指往外顶，食指、无名指及小指将钞票往里压，将钞票压成一个"U"字形。

（2）清点：左手向左外方翻开，并使钞票上方略呈扇形，此时右手的拇指放在钞票的下边，用小指、无名指、中指和食指分别与拇指摩擦并捻动钞票，注意这个动作要求被捻出的钞票都夹在相应的两指之间，同时边点边默记数。

（3）记数：采用分组记数法，每次点4张为一组，记满25组为100张。

（4）扎把：与单指单张点钞法的扎把相同。

（5）盖章：与单指单张点钞法的盖章相同。

4. 扇面式点钞法

扇面式点钞法是指在点钞时，把钞票捻成扇面状进行清点的方法。这种方法的优点是速度快，是手工点钞中效率最高的一种。但它只适用于清点新票币，不适用于清点新、旧、破混合钞票。扇面式点钞法的操作过程如下。

（1）持票：钞票要竖拿，左手拇指在票前、食指和中指在票后一并捏住钞票左下角约四分之一处，食指、中指在票后同拇指一起捏住钞票，无名指和小指拳向手心；右手拇指在左手拇指的上端，用虎口从右侧卡住钞票成瓦形，食指、中指、无名指、小指均横在钞票背面，做开扇准备。

（2）开扇：开扇是扇面点钞的一个重要环节，扇面要开的均匀，为点数打好基础，做好准备。其方法是：以左手为轴、右手食指和中指将钞票向怀里左下方压，用右手腕把钞票压弯，稍用力往怀里方向从右侧向左侧转动，转到左侧时右手将压弯的钞票向左上方推起，拇指和食指向左捻动，左手拇指和食指在右手捻动时略放松，并从右向左捻动。这样反复操作，右手拇指逐次由钞票中部向下移动，移至右下角时即可将钞票推成扇形面，然后双手持票，将不均匀的地方抖开——钞票的左半部向左方抖开，右半部的钞票向右方抖开。

打扇面时，左右两手一定要配合协调，不要将钞票捏得过紧，如果点钞时采取一按十张的方法，扇面要开小些，便于点清。

（3）点数：左手持扇面，右手中指、无名指、小指托住钞票背面，右手拇指一次按5张或10张钞票，按下的钞票由食指压住，接着拇指按第二次，以此类推。同时，左手应随着右手点数的速度以腕部为轴稍向怀里方向转动扇面，以迎合右手按动，直到点完100张为止。

（4）记数：采用分组记数法，如果一次按 5 张为一组，记满 20 组为 100 张；如果一次按 10 张为一组，记满 10 组为 100 张。

（5）合扇：清点完毕即可合扇。合扇时，左手用虎口松拢钞票向右边压，右手拇指在前，其余四指在后托住钞券右侧并从右向左合拢，左右手一起往中间稍用力，使钞票竖立在桌面上，两手松拢轻墩。

（6）扎把：与单指单张点钞法的扎把相同。

（7）盖章：与单指单张点钞法的盖章相同。

8.1.3 点钞的考核标准

点钞技能的考核，一般限时 3 分钟，不限量，点钞方法一般采用手持式单指单张点钞法、扇面式点钞法和多指多张点钞法中的其中一种。点钞技能级别分为一至五级。点钞考核要求扎把要扎两圈半，腰条起头夹在钞票中，点的数量按"＋"、"－"、"0"记在新扎的腰条上，不散把，扎把方法不限，最后未足一把的，应将终止的那张向上折一下，，点的数量（含向上折的一张）报告裁判，当场记录，当面查对。具体的点钞考核标准见表 8-1。

表 8-1

点钞方法	等级	3 分钟点钞张数	百张所用时间（秒）
单指单张点钞法	一	800 张以上	22.0 以内
	二	700～799	24.1～23.9
	三	600～699	24.0～25.9
	四	500～599	26.0～27.9
	五	400～499	28.0～29.9
扇面式点钞法	一	900 以上	20.0 以内
	二	800～899	20.1～22.0
	三	700～799	22.1～24.0
	四	600～699	24.1～26.0
	五	500～599	26.1～28.0
多指多张点钞法	一	1000 张以上	17.0
	二	800～999	17.1～20.0
	三	700～799	20.1～22.0
	四	600～699	22.1～24.0
	五	500～599	24.1～26.0

8.2 验　　钞

8.2.1 人民币常识

中华人民共和国的法定货币是人民币。1948年12月1日中国人民银行成立时，开始发行第一套人民币；1955年3月1日开始发行第二套人民币；1962年4月15日开始发行第三套人民币；1987年4月27日开始发行第四套人民币；1999年10月1日开始发行第五套人民币。目前市场上流通的人民币以第五套为主，还有部分第四套人民币。

1. 人民币的种类

目前，市场流通的人民币共有12种券别，分别为1、2、5分，1、2、5角，1、2、5、10、50、100元。按照材料的自然属性划分有金属币（亦称硬币）、纸币（亦称钞票）。无论纸币、硬币均等价流通。

第五套人民币从1999年10月1日起开始发行，现已发行了8种面额9种版别，其中1角券1种、5角券1种、1元券2种、5元券1种、10元券1种、20元券1种、50元券1种、100元券1种。为了提高第五套人民币的印制工艺和防伪技术，经国务院批准，中国人民银行对第五套人民币（1999年版）的生产工艺、技术进行了改进和提高。改进、提高后的2005年版第五套人民币有100元、50元、20元、10元、5元纸币和1角硬币，于2005年8月31日发行流通。

2. 假币的种类

随着现代科学技术的发展，假币的种类也不断增多。目前国内发现的假币大致可分为以下几种。

（1）伪造币。它是指仿造真币原样，利用各种非法手段重新仿制的各类假票币。按其伪造手段有以下几种类型。

① 手工描绘或手工刻版印刷的假币。它的特点是伪造手段落后，制版的材料很低劣，纸张是市场上常见的书写纸和普通的胶版纸；颜料也是市场出售的绘画颜料，因而造出来的假币质量很差，比较容易识别。

② 利用一般办公工具伪造的假币。这类假币最常见的就是利用黑白或彩色复印机复印的，其主要特征是线条一般不光洁整齐，特别是用放大镜观察会发现有毛边，而且空白的位置有少量的墨粉，与真币的主要特征区别是明显的。

③ 使用小型的印刷设备制造的假币。这类假币主要通过照相制版，采用凸版印刷的方

法，其质量比较精制，较之手工描绘具有更大的欺骗性。但由于其设备比较落后，印刷制版的条件和所采用的原材料都受到一定的限制，较之真币还是很低劣的。

④ 机制假币。所谓机制假币，就是利用现代化的制版印刷设备伪造的货币。近几年连续发现了几起较大的假币案，对社会的危害很大。这类假币主要从中国香港、台湾地区流入，比较逼真，版别也较多。

（2）利用化学药品复印的假币。通常称它为拓印币，特征是油墨少而淡，图案显得清秀，像是水洗过似的，对常人具有一定的欺骗性。

（3）变造币。它是指在真币基础上或以真币为基本材料，通过挖补、剪接、涂改、揭层等办法加工处理，使原币改变数量、形态，以此实现升值的假货币。其主要特征是票面不完整，如拼凑券是多条拼成的，揭页券是无正面或无背面；挖补券是券别数字和文字被变造。变造币主要有以下两种类型。

① 剪贴变造币。它是指将人民币剪成若干条，每张取出其中一条，以少张变多张。

② 揭页变造币。它是指将人民币先进行一定处理，然后一揭为二，形成一面是真币一面是假币。

8.2.2 第五套人民币的防伪特征及识别方法

随着第五套人民币的逐渐发行，相应的假币也逐渐出现，而且造假技术越来越高，单凭感觉已经难以识别，因此必须了解第五套人民币人民币的防伪特征，才能准确识别人民币纸币的真伪。

1. 水印

第五套人民币的水印特征是：100元、50元纸币的固定水印为毛泽东头像图案，20元纸币是一朵荷花，10元纸币是月季花和数字"10"两处水印图案，5元纸币是水仙花和数字"5"两处水印图案。

识别水印的方法是：通过迎光透视纸币正面左侧的空白处，看水印层次过渡是否自然，是否富有神韵，是否图像清晰，是否立体感强。

2. 安全线

第五套人民币的安全线特征是：印有缩微文字（如"RMB100"）并具有磁性。

识别安全线的方法是：迎光透视纸币的安全线，看是否有缩微文字，文字是否清晰，文字间隔是否有序，线条宽窄是否一致，用仪器检测时安全线是否有磁性。

3. 光变油墨

第五套人民币的光变油墨特征是：随着视角的改变，纸币的正面左下方的面额数字会有颜色变化。

识别光变油墨的方法是：正常视角观察纸币时，正面左下方的面额数字是否呈现草绿色；纸币与眼睛接进平行的位置时，正面左下方的面额数字是否呈现蓝黑色。

4. 正背互补对印

第五套人民币的正背互补对印的特征是：纸币的正面左侧和背面右侧都印有一个圆形局部图案，组合起来可成为一个完整的古钱币图案。

识别光正背互补对印的方法是：迎光透视纸币，看正背面的互补对印图案是否合并组成一个完整的古钱币图案。

5. 隐形面额数字

第五套人民币的隐形面额数字特征是：纸币正面右上方的面额数字下端有一装饰图案，在其内有相应的面额数字。

识别隐形数字的方法是：将纸币与眼睛接进平行的位置面对光源，看是否有面额数字。

6. 号码

第五套人民币的号码数字特征是：纸币正面左下方的号码是计量数字，绝对没有重号，而且字形工整、标准，墨量、颜色、压力均匀一致，质量好，号码部位的背面有压痕。

识别号码的方法是：看纸币号码是否重号，字形是否标准；颜色深浅是否一致；背面是否有压痕。

7. 无色荧光油墨

第五套人民币的无色荧光油墨特征是：纸币正面左上方，在紫外线下显现出一个矩形的面额字样，发出强亮的橘黄色荧光。

识别无色荧光油墨的方法是：在紫外线下看纸币正面的左上方是否有面额字样，是否发出强亮的橘黄色荧光。

8. 磁性油墨

第五套人民币的磁性油墨特征是：纸币正面左下方采用的双色横号码（两位冠字、8位号码），具有磁性。

识别磁性油墨的方法是：看纸币正面左下方采用的双色横号码，用仪器鉴别是否具有磁性（新版5元无此设计）。

9. 纸张

第五套人民币的纸张特征是：薄厚适中，挺括、耐折、不易撕裂，整张币纸在紫外线下无荧光反应，在纸张中随机分布有黄色和蓝色荧光纤维。

识别纸张的方法是：用手摸纸张手感是否薄厚适中，挺括度好，在紫外线下是否有荧光反应。

10. 印刷

第五套人民币的印刷特征是：纸币的正背面图案均采用雕刻凹版印刷，人像的头发根根丝缕清晰可分辨，线条光洁凸立，用手指触摸有明显的凹凸感。

识别印刷的方法是：用手摸头像、盲文点、"中国人民银行"行名等处是否有凹凸感。

思 考 题

1. 点钞的基本程序是什么？
2. 点钞的技术要点是什么？
3. 点钞的方法有哪几种？如何操作？
4. 钞票如何扎把？有何技巧？
5. 假币有哪几种？
6. 如何识别第五套人民币的真伪？

附录Ⅰ 全国珠算、珠心算鉴定办法（试行）

第一条 为了进一步弘扬珠算文化，发展珠算、珠心算事业，全国各级珠算（心算）协会，应在社会上大力推广珠算、珠心算教育，积极开展珠算、珠心算鉴定活动，不断普及和提高我国珠算、珠心算水平。为加强对鉴定工作的管理，使之进一步规范化、科学化，从而保障鉴定工作的统一性、严肃性和权威性，特制定本办法。

第二条 本办法适用于依据《中国珠算协会珠算技术等级鉴定标准》、《中国珠算心算协会少儿珠心算等级鉴定标准（试行）》、《中国珠算心算协会珠心算能手等级鉴定标准（试行）》、《中国珠算协会珠算式心算鉴定标准》申的五项全能段位标准进行的珠算、珠心算鉴定活动。

第三条 鉴定分珠算鉴定和珠心算鉴定。

珠算鉴定分普通级和能手级两档。普通级设 6～1 级，6 级最低，1 级最高；能手级设 6～1 级，6 级最低，1 级最高。

珠心算鉴定分等级和段位两档。等级分少儿级和能手级，少儿级分 10～1 级，10 级最低，1 级最高；能手级分 8～1 级，8 级最低，1 级最高。段位设初段～10 段，初段最低，10 段最高。

第四条 鉴定的项目及要求。

（一）珠算鉴定设加减算、乘算和除算三项，每项正确题数均达到同一级别，才能认定该级别合格。

（二）珠心算等级鉴定，能手 1～8 级和少儿 1～6 级设加减算、乘算和除算三项，每项正确题数均达到同一级别，才能认定该级别合格。7～10 级只设加减算一项。

（三）珠心算段位鉴定设加减算、乘算、除算、账表算和传票算五项，每项的得分均达到同一段位，才能认定该段位合格。

第五条 各级别鉴定题的题型、题量。

（一）珠算鉴定题型、题量详见中珠〔1999〕24 号文件《中国珠算协会关于继续执行〈中国珠算协会珠算技术等级鉴定标准〉和公布执行〈中国珠算协会珠算式心算鉴定标准〉的通知》附件 1。

（二）珠心算鉴定题型、题量详见中珠〔2006〕22 号文件《关于颁发〈中国珠算心算协会少儿珠心算等级鉴定标准〉（试行）和〈中国珠算心算协会珠心算能手等级鉴定标准

（试行）的通知》附件 1、2。

（三）珠心算段位鉴定题型、题量详见中珠〔1999〕24 号文件附件 3。

珠算、珠心算鉴定样题见《中国珠算心算协会珠算、珠心算鉴定题型》

第六条 珠算、珠心算鉴定均采用限时限量方式。

（一）珠算能手级加减算两张试卷 20 题，限时 10 分钟；乘算和除算一张试卷，各 20 题，限时 10 分钟。三项一场鉴定限时 20 分钟。

（二）珠算普通级加减、乘、除三项一张试卷，每项 10 题，鉴定限时 20 分钟。

（三）少儿珠心算 1～6 级鉴定，加减算、乘算和除算三项一张试卷，每项 10 题，鉴定限时 10 分钟；7～10 级只设加减算一项，一张试卷，每项 10 题，鉴定限时 5 分钟。

（四）珠心算能手 1～8 级鉴定，加减算、乘算和除算三项一张试卷，鉴定限时 15 分钟。加减算 1～8 级均为 10 题；乘算和除算 1～5 级均为 20 题，6～8 级均为 15 题。

（五）珠心算段位初段～10 段鉴定，加减算五张试卷 50 题，乘算两张试卷 120 题，除算三张试卷 180 题，账表算四张试题，横向 80 题，纵向 20 题，传票算 50 题。每项限时 5 分钟。

第七条 错题与扣分。

（一）答数必须书写清楚，凡字迹过于潦草评分人员确实无法准确辨认的做错题论。

（二）更改答数必须将原答数用单线划去，重新写上新的答数。凡不用划线更正，任意涂改数字的做错题论。

（三）小数点、分节号必须有明显区别，凡属小数点漏点或点错位置的作错题论；段位鉴定中答题正确但分节号漏点或错点的每题扣 1 分。

（四）珠心算段位鉴定中，已计算的题中的空题为跳题，每跳一题，除本题不给分外，还要多扣一题分数。

第八条 鉴定考试的程序如下。

（一）报名。报考人员须持照片到当地珠算（心算）协会，填写报名单，缴纳费用，领取准考证。并由工作人员编好考核日期、时间、场次、场地、座号等。

（二）鉴定考试。

1. 每场鉴定至少要有两名鉴定员现场主考。主考兼记时员、发令员。

2. 鉴定考试一般只考一卷，不同场次要更换试卷。

3. 考生入场后，主考应宣布考场纪律，将沿虚线折好的试卷正面向下发给考生，统一发令填写姓名等项。并由鉴定员检验有关证件，核对试卷填写内容无误后，主考方可发令"开始"，考生翻卷答题。

4. 主考发令"停止"后，考生应立即停止计算，工作人员即刻收卷，清点数量无误后，送交评分员评卷。

（三）评卷。试卷评定分初评、复评，最后由鉴定员核定等级或段位。段位鉴定试卷按全国珠心算比赛计分标准计分，等级鉴定试卷只判对或错，不打分。

（四）填发珠算、珠心算鉴定证书。对考试合格的考生，应及时填发证书。证书打印填写要清晰，印章要齐全，手续要完备，底册应备案。

第九条 考生须知如下。

（一）遵守鉴定考场规定，服从指挥。

（二）考生入场后在指定的座位上坐好，做好鉴定前的准备，保持安静。若宣布鉴定开始时考生不到场，则以弃权论。参加鉴定的考生如有冒名顶替，一经查实，取消鉴定资格。

（三）鉴定员发出"预备"口令后，考生才能把鉴定试卷翻过来。发生"开始"口令后，方可进行计算。

（四）考生必须独立完成答题，不得使用算盘以外的计算工具，否则取消考试资格。答题时用黑、蓝签字笔、圆珠笔或钢笔，如用红笔或铅笔答题无效。

（五）在签订员发出"考试结束"口令时，考生应立即停止计算及书写答案，等待签订员收卷。

（六）考生在老师过程中如有询问事宜，应在考试后向签定员反映，不得干扰考试秩序。

（七）如遇签订试卷数码不清、难以辨认时，考生可在原数码上方自行更改为1～9中的数字，并按更改后数字计算，在该场鉴定结束后向监场的鉴定员说明。

第十条 鉴定标准使用范围及用途。

凡机关、团体、企业、事业、部队、学校及幼儿园的干部、工人、农民、军人、学生、幼儿及城乡个人等，均可向当地珠算（心算）协会报名，参加珠算、珠心算鉴定考试，取得相应级别的准算、珠心算鉴定证书。

《中国珠算协会珠算技术等级鉴定标准》是我国考核珠算水平的唯一标准。

《中国珠算心算协会少儿珠心算等级鉴定标准》（试行）和《中国珠算心算协会珠心算能手等级鉴定标准》（试行），是我国考核少儿和学生普及珠心算教育水平的唯一标准。

《中国珠算协会珠算式心算鉴定标准》其段位标准是我国考核优秀珠心算选手技术水平的唯一标准。

第十一条 鉴定的权限。

珠算、珠心算等级鉴定工作，按照分级管理的原则，由各省、自治区、直辖市，解放军、铁道、新疆兵团及计划单列市珠算（心算）协会负责，并根据各自情况，制定具体办法，划分鉴定范围，积极开展工作。

其他系统珠算（心算）协会开展鉴定工作，应征得省、自治区、直辖市和计划单列市珠算（心算）协会同意，按照块块为主，条块结合的原则，共同完成鉴定任务。

珠心算段位鉴定工作，由中国珠算心算协会直接负责，以省为单位组织鉴定。

第十二条 鉴定员的基本要求

（一）必须努力学习珠算、珠心算知识，积极钻研和熟练掌握鉴定工作业务，认真执行鉴定标准和鉴定办法。在鉴定工作中，要坚持原则、公正无私、认真负责、一丝不苟，积极完成任务。

（二）要坚决维护鉴定工作的统一性、严肃性和权威性，认真把好鉴定质量关。不徇情舞弊、不泄露试题、不弄虚作假、不发人情证。

第十三条 鉴定员设一、二级两个级别，职责如下。

（一）一级鉴定员，负责对鉴定标准规定的所有级别和段位进行评定工作，并要求能够独立编拟鉴定试题。

（二）二级鉴定员，负责对鉴定标准规定的珠算普通级、少儿珠心算等级和珠心算能手等级进行评定工作。

第十四条 鉴定工作人员的管理。

鉴定员一般由省级珠算（心算）协会负责培训，经考核合格后，统一颁发鉴定员证书，持证上岗。对工作人员发生的违纪问题，必须严肃处理，直至取消其参与鉴定工作资格。是鉴定员的，要吊销其鉴定员资格证书。

第十五条 鉴定试卷管理。

鉴定试卷必须符合《标准》的要求，由中国珠算心算协会和省、自治区、直辖市，解放军、铁道、新疆兵团及计划单列市珠算（心算）协会，按统一格式编拟印制。使用电脑拟题软件，必须符合《标准》的要求。试卷题库，应保持多品种，不断更新。试卷要严格保密、专人负责、手续完备、严防泄密。

珠算能手级鉴定实行一套题，按完成正确题数确定六个级别。普通级虽拟定了六个级别六套题的标准，各级珠算（心算）协会在实施过程中可根据具体情况灵活掌握，亦可以采用两套题确定六个级别，按打对题数定级的办法。用一级考题鉴定1～3级，对9题为一级，对8题为二级，对6题为三级;用四级考题鉴定4～6级，对8题为四级，对7题为五级，对6题为六级。

第十六条 鉴定证书管理。

各种珠算、珠心算鉴定证书均由中国珠算心算协会统一印制，其他任何单位与个人不得翻印仿制，违者必究。

中国珠算心算协会只向省、自治区、直辖市，解放军、铁道、新疆兵团及计划单列市

（含原单列市）珠算（心算）协会及有鉴定权的系统珠算（心算）协会提供证书。

鉴定证书实行计算机管理和制证。制证及管理软件由中国珠算心算协会印制供应各地。证书要由专人管理，不得遗失，不准发人情证。颁证要建立完整的制度，杜绝漏洞。

第十七条 鉴定财务管理。

鉴定工作实行有偿服务，合理收费。各级珠算（心算）协会可在章程规定的业务范围内进行珠算、珠心算鉴定收费。收费对象为学习珠算、珠心算并自愿参加鉴定的人员；鉴定收费具体内容包括：报名费、考场费、试卷费、阅卷费等；鉴定收费标准应分成人、学生和幼儿二个档次和珠算、珠心算普级鉴定。

珠算、珠心算鉴定收费标准各单位可根据本地实际情况、工作成本等因素自行合理制定。

各珠算（心算）协会开展此项工作应遵守国家有关法律法规，按照国家统一会计制度的规定进行会计核算。

第十八条 本办法自公布之日起，在全国范围内试行，凡过去有关鉴定工作的文件、规定与本办法抵触的，以本办法为准。

本办法解释权、修改权属于中国珠算心算协会。

中国珠算心算协会
2009 年 3 月 24 日

附录Ⅱ 中国人民银行残缺污损人民币兑换办法

中国人民银行令
〔2003〕第 7 号

根据《中华人民共和国中国人民银行法》和《中华人民共和国人民币管理条例》，中国人民银行制定了《中国人民银行残缺污损人民币兑换办法》，经 2003 年 12 月 15 日第 20 次行长办公会议通过，现予公布，自 2004 年 2 月 1 日起施行。

行长：周小川
二〇〇三年十二月二十四日

第一条 为维护人民币信誉，保护国家财产安全和人民币持有人的合法权益，确保人民币正常流通，根据《中华人民共和国中国人民银行法》和《中华人民共和国人民币管理条例》，制定本办法。

第二条 本办法所称残缺、污损人民币是指票面撕裂、损缺，或因自然磨损、侵蚀，外观、质地受损，颜色变化，图案不清晰，防伪特征受损，不宜再继续流通使用的人民币。

第三条 凡办理人民币存取款业务的金融机构（以下简称金融机构）应无偿为公众兑换残缺、污损人民币，不得拒绝兑换。

第四条 残缺、污损人民币兑换分"全额"、"半额"两种情况。

（一）能辨别面额，票面剩余四分之三（含四分之三）以上，其图案、文字能按原样连接的残缺、污损人民币，金融机构应向持有人按原面额全额兑换。

（二）能辨别面额，票面剩余二分之一（含二分之一）至四分之三以下，其图案、文字能按原样连接的残缺、污损人民币，金融机构应向持有人按原面额的一半兑换。纸币呈正十字形缺少四分之一的，按原面额的一半兑换。

第五条 兑付额不足一分的，不予兑换；五分按半额兑换的，兑付二分。

第六条 金融机构在办理残缺、污损人民币兑换业务时，应向残缺、污损人民币持有人说明认定的兑换结果。不予兑换的残缺、污损人民币，应退回原持有人。

第七条 残缺、污损人民币持有人同意金融机构认定结果的，对兑换的残缺、污损人民币纸币，金融机构应当面将带有本行行名的"全额"或"半额"戳记加盖在票面上；对兑换的残缺、污损人民币硬币，金融机构应当面使用专用袋密封保管，并在袋外封签上加盖"兑换"戳记。

第八条 残缺、污损人民币持有人对金融机构认定的兑换结果有异议的，经持有人要求，金融机构应出具认定证明并退回该残缺、污损人民币。

持有人可凭认定证明到中国人民银行分支机构申请鉴定，中国人民银行应自申请日起5个工作日内做出鉴定并出具鉴定书。持有人可持中国人民银行的鉴定书及可兑换的残缺、污损人民币到金融机构进行兑换。

第九条 金融机构应按照中国人民银行的有关规定，将兑换的残缺、污损人民币交存当地中国人民银行分支机构。

第十条 中国人民银行依照本办法对残缺、污损人民币的兑换工作实施监督管理。

第十一条 违反本办法第三条规定的金融机构，由中国人民银行根据《中华人民共和国人民币管理条例》第四十二条规定，依法进行处罚。

第十二条 本办法自2004年2月1日起施行。1955年5月8日中国人民银行发布的《残缺人民币兑换办法》同时废止。

附录III 珠算技术等级鉴定普通六～四级鉴定样题

（1）	（2）	（3）	（4）	（5）
1 037	8 573	30 946	410	76 305
498	164	582	5 698	－614
859 601	421 978	1 697	327	9 852
3 540	5 269	526	79 604	137 685
279	103	683 904	185	209
27 981	10 348	7 410	7 342	－8 974
4 035	7 652	859	405 139	423
106	879	1 073	1 803	－40 698
596 378	129 534	821	286	572
894	416	76 095	7 594	－1 346
3 452	5 620	182	625	701
720	307	4 379	12 036	853 962
60 219	79 081	524	879	4 158
154	826	562 138	394 782	239
7 863	3 495	3 704	5 061	－7 041

（6）	（7）	（8）	（9）	（10）
578	70 895	5 978	231	7 805
213 645	261	106	6 074	26 439
－9 021	4 083	－3 264	895	－164
35 807	102	573	87 921	803 751
769	965 870	2 017	563	397
－8 234	3 947	－904	8 492	－5 860
902	7 435	418 259	126 347	341
－149	164	638	3 954	1 692
962 873	628	－3 021	501	－192 158
541	30 782	74 569	8 672	203
－3 708	641	－745	906	8 076
165	9 538	1 280	30 814	－295
7 214	219	－187 936	587	40 817
－90 458	201 456	409	472 950	－3 629
2 036	3 795	36 825	1 693	574

（续表）

乘算（保留两位小数）	
（11）	45×3 092＝
（12）	21×5 467＝
（13）	7 849×61＝
（14）	59×7 108＝
（15）	1 086×34＝
（16）	9 038×57＝
（17）	415×0.289＝
（18）	762×315＝
（19）	253×6.908＝
（20）	7 106×342＝
除法（保留两位小数）	
（21）	23 606÷407＝
（22）	12 978÷309＝
（23）	22 272÷29＝
（24）	5 712÷168＝
（25）	46 683÷57＝
（26）	70 590÷78＝
（27）	6.13612÷3.49＝
（28）	555.2852÷80.1＝
（29）	53 628÷164＝
（30）	95 410÷235＝

附录Ⅳ 珠算技术等级鉴定普通三～一级鉴定样题

(1)	(2)	(3)	(4)	(5)
9 854.13	231 976	79 843	6 384	8 203.57
62.34	6 843	1 206	321 976	17.43
891 607.42	52 794 086	568 472	52 706 498	903 581.62
4 360.18	10 598	1 309 564	−3 472 015	89 043.17
79 315.46	1 203 457	23 178 095	19 850	107.96
529.6	8 634	4 831	−932 167	3 985.41
75.82	321 796	92 706	−4 386	24.63
506 148.97	75 240 968	468 275	75 249 068	691 870.42
205.74	3 472 501	5 146 039	90 185	4 136.08
97 328.65	95 018	17 089 325	−2 104 357	59 743.61
8 275.03	94 758 260	6 201	10 598	209.56
43.71	15 908	34 897	49 578 206	25.78
351 802.69	4 863	4 563 109	3 841	806 541.97
49 381.07	139 726	95 237 018	−731 629	705.24
706.91	3 207 415	725 684	2 306 754	23 976.85

(6)	(7)	(8)	(9)	(10)
5 807.23	45.63	3 486 217	34 862.17	67 543
−41.37	987 524.06	−9 378	−93.78	1 289 067
503 986.12	1 803.57	21 804 569	218 045.69	4 329
−89 017.43	24.73	50 372	503.72	80 159 476
961.07	518 960.32	−146 509	1 465.09	231 508
−3 845.91	69 084.71	35 027	−350.27	75 634
26.34	207.93	84 105 296	841 052.96	2 349
698 104.72	8 394.15	7 938	79.38	19 847 560
−1 340.68	14.36	540 169	−5 401.69	503 128
59 376.41	691 782.04	−6 428 716	64 287.16	8 197 602
905.26	4 068.17	546 109	−5 461.09	43 567
78.52	75 923.81	−37 520	375.2	9 324
806 154.79	256.09	−85 106 492	−851 064.92	76 180 549
−502.47	705.14	8 379	83.79	7 062 891
−39 278.56	29 378.56	4 281 367	42 813.67	825 103

(续表)

乘算（保留两位小数）

(11)	7 093×8 165=
(12)	3 147×2 584=
(13)	32.501×674.9=
(14)	2 457×3 068=
(15)	386.4×51.79=
(16)	235.6×708.41=
(17)	8 601×2 794=
(18)	130.47×843.2=
(19)	7 192×2 483=
(20)	178.6×405.92=

除法（保留两位小数）

(21)	45 586 538÷718=
(22)	14 159 096÷18 904=
(23)	2 066 688÷256=
(24)	90 904.32÷145.68=
(25)	3 516.023÷3 296=
(26)	3 933.188÷8 263=
(27)	125 013.2÷478=
(28)	51 426.3÷327=
(29)	278 616÷2 679=
(30)	842 471÷427=

附录Ⅴ 珠算技术等级鉴定能手级鉴定样题

加减算

(1)	(2)	(3)	(4)	(5)
5 920.47	731 654.08	3 690 845.21	29 470 856.13	69 802.35
96 241.03	2 538.79	3 469.78	63 094.28	12 356 490.87
52 036.48	52 498 316.07	516 928.17	−691 248.35	6 719 028.43
64 071 298.53	52 269.04	38 605 714.29	−543 179.62	−547 216.39
97 325.81	427 153.96	68 037.15	6 315.78	9 123.85
1 682 450.37	8 209 745.63	96 450.21	15 238 967.04	27 415 389.06
809 731.54	4 037.98	8 312.75	−8 067 291.45	−76 510.94
87 143 052.69	67 584.03	92 581 407.63	−79 460.51	−3 028 756.19
8 137.96	74 591 803.26	7 829 365.04	192 708.45	841 205.63
8 416 290.37	3 815 460.92	340 871.56	9 043.87	3 894.07
762 845.01	19 074 623.85	18 453 097.02	23 680 579.41	902 578.41
7 614 302.59	6 903 293.41	745 129.36	8 215.39	−74 382.06
20 387 965.14	9 426.15	6 914.25	7 201 683.95	97 420 631.58
6 891.75	692 507.81	79 280.34	840 561.23	7 463.15
829 046.53	78 309.12	3 047 926.18	−73 024.86	−8 601 547.29

(6)	(7)	(8)	(9)	(10)
5 432	31 960	371 852	2 641 782	80 379 256
78 963	4 309	7 452	−6 923	5 092
601 475	673 890	453 199	−8 135	−5 127
1 526 734	3 902 514	2 036 789	460 125	−674 159
17 435 829	82 396 145	98 375 264	21 459 807	7 421 893
1 076	507 816	68 209 513	−8 724 130	2 371 649
307 865	4 378125	2 786 031	19 724	−57
12 945 603	5 107	3 689	−643 507	893 204
7 821 314	92 047	468 705	2 986	34 680
14 279	5 286	10 427	−20 867 315	−9 843
38 092 457	73 159 428	83 096 245	13 249	13 058 926
351 860	816 704	2 697	5 904 378	−246 708
5 908 734	54 261 093	9 510 873	8 796	5 132
6 982	8 435 710	16 942	39 087 542	68 975
49 158	23 461	354 018	−356 810	−6 427 590
6 829	8 976	1 097 534	1 908 435	546 271
10 692	567 820	41 685	49 256	−1753
468 107	30 658 792	14 928 560	−6 701	89 502 164
1 029 534	1 430 697	309 786	35 678	1 980 347
567 384	72 548	4 170	14 293 065	13 806

(续表)

(11)	(12)	(13)	(14)	(15)
20 739 548.16	8 624 970.51	176 495.03	89 514.27	3 756.18
73 089.61	51 307.29	84 279.51	75 361 948.02	3 297 648.01
3 594 671.82	218 056.43	37 568 201.94	-8 147 025.93	-68 201.94
380 257.94	81 046 792.35	6 052.48	-710 356.79	15 079 426.83
24 970.51	72 480.63	1 845 937.02	2 486.05	41069.27
49 102 865.73	7 039 548.16	630 812.79	50 176 839.42	-8 176 490.53
3 652.48	7 152.68	15 079 426.83	362 790.81	5 219.37
972 480.61	591 671.82	6 981 374.25	-9 684 251.37	6 0981 374.25
7 218 036.45	3 584.79	19 635.84	-15 849.63	-804 297.51
1 507.92	16 380 257.94	2 590.63	6 023.59	-4 630 852.79
690 143.58	436 912.07	703 158.46	768 463.15	49 752 083.61
8 436 912.07	9 102 865.73	41 069.27	-46 271.09	219 634.85
5 860.13	901 473.58	3 297 640.18	2 930 180.64	2 065.38
4 851307.29	4 230.96	49 752 038.61	7 305.28	-45 937.02
46 792.35	52 473 089.61	8 207.35	94 572 038.16	703 158.46

(16)	(17)	(18)	(19)	(20)
3 642 891	428 391	12 974	8 571 293	5 316
9 175	2 646	9 451	-76 401	71 368254
71 328	9 715 463	186 375	769 582	-20 931
634 851	27 954 871	8 206 357	3 719	302 159
5 246 318	75 408	16 059 423	57 869 120	-7 043 961
283 467	47 638 159	68 291	420 596	-46728109
2 048	53 862	374 820	-89 024	4 971 520
15 804 692	6 391	4 530 679	21 597 381	84 236
79 456	760 824	52 413 086	150 938	-457 618
3 190 547	19 658 732	50 827	-9306285	9 675 324
5 801	7 930 164	369 542	34 872	19 607
507 609	64 210	43 872 905	42 719 306	862 375
38 016 974	2 043 687	5 104 798	-1 536	-3 240
1 723 586	485 906	847 103	8 063 417	8 530 692
85 026	1 578	6 219	-8 365	18 045
47 062 953	20 593 187	38 415	-14 975 630	-9 487
209 645	384 506	7 069	6 028	8 596
3 427	2 519 030	37 214 856	-241 759	25 049 781
9 685 204	7 029	1 025 637	82 046	-308 549
40 273	19 352	6 098	6 340 521	13 920 758

乘、除算（均保留四位小数）

（1）	4 709×7 294=		（1）	398.5797÷675.42=
（2）	73.1956×6.2408=		（2）	538 146 198÷1 062=
（3）	5 463×26 354=		（3）	973.9369÷9 206.74=
（4）	7.8152×37.2805=		（4）	1 309 037 796÷20 754=
（5）	210 457×7 823=		（5）	3 383 572 639÷8 053=
（6）	30 548×510 638=		（6）	30 575 552÷3 892=
（7）	0.9083×8 031.94=		（7）	9 620.7393÷98.54=
（8）	613 894×9 405=		（8）	15 027 143÷4 187=
（9）	562.43×2.1079=		（9）	4 513.3841÷791.23=
（10）	72 436×9 438=		（10）	354 992 176÷93 814=
（11）	0.6125×91.4865=		（11）	48.9521÷65.0439=
（12）	51 097×6 401=		（12）	148 193 318÷50 218=
（13）	4.8362×0.2796=		（13）	616 825 596÷6 914=
（14）	7 180×56 423=		（14）	116 504 941÷81 529=
（15）	0.6239×0.9032=		（15）	480.0683÷76.14=
（16）	7 193×81 709=		（16）	290 932 488÷9 738=
（17）	670 248×50 176=		（17）	20.8824÷50.46=
（18）	0.9508×0.8617=		（18）	92 557 072÷3 056=
（19）	80 197×52 346=		（19）	26 207 202÷6 378=
（20）	5 912×7 158=		（20）	23.0737÷36.2017=

参 考 文 献

[1] 姚克贤,王宗江. 计算技术 [M]. 北京:中国财政经济出版社,1998.
[2] 张成武. 计算技术 [M]. 北京:中国物资出版社,1994.
[3] 袁有云. 快速珠算大全 [M]. 成都:成都科技大学出版社,2003.
[4] 姚克贤. 珠算教程 [M]. 大连:东北财经大学出版社,2002.
[5] 郭启庶,张建强. 会计基本技能 [M]. 北京:中国财政经济出版社,2007.
[6] 张建强. 会计基本技能 [M]. 北京:中国财政经济出版社,2007.